U0736268

除了野蛮国家，整个世界都被书统治着。

后读工作室
诚挚出品

坛经大解

邵盈午 著

人民东方出版传媒
People's Oriental Publishing & Media
東方出版社
The Oriental Press

图书在版编目（CIP）数据

道德经今解 / 邵盈午著 . -- 北京 : 东方出版社，2023.5

ISBN 978-7-5207-2069-4

Ⅰ . ①道… Ⅱ . ①邵… Ⅲ . ①道家②《道德经》—研究 Ⅳ . ① B223.15

中国国家版本馆 CIP 数据核字 (2023) 第 024979 号

道德经今解
DAODEJING JIN JIE

作　　者：邵盈午
责任编辑：王赫男
出　　版：东方出版社
发　　行：人民东方出版传媒有限公司
地　　址：北京市东城区朝阳门内大街 166 号
邮　　编：100010
印　　刷：北京汇林印务有限公司
版　　次：2023 年 5 月第 1 版
印　　次：2023 年 5 月第 1 次印刷
开　　本：880 毫米 × 1230 毫米　1/32
印　　张：9
字　　数：165 千字
书　　号：ISBN 978-7-5207-2069-4
定　　价：52.80 元
发行电话：(010) 85924663　85924644　85924641

目录

上篇

下 篇

老子像拓片（唐代吴道子画）

老子像（福建清源山）

鹿邑县老子故里老君台（升仙台），相传为老子升仙之台

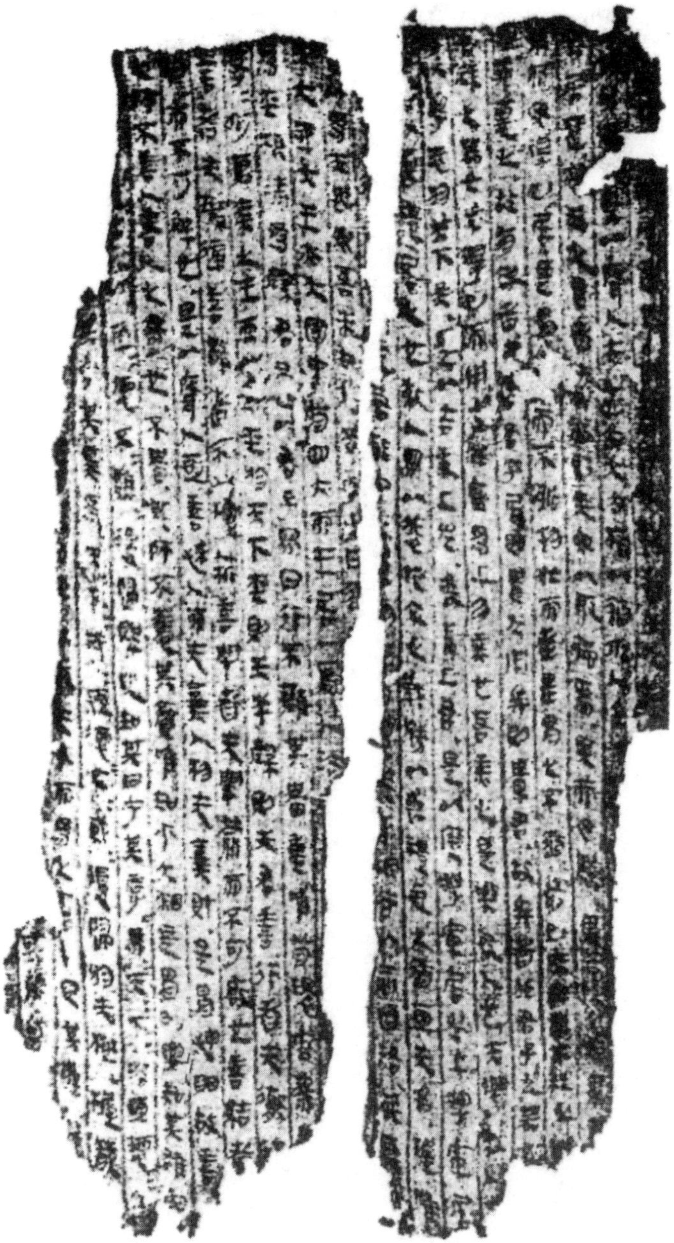

帛书《老子》篆书本片段

帛书《老子》隶书本片段

甲

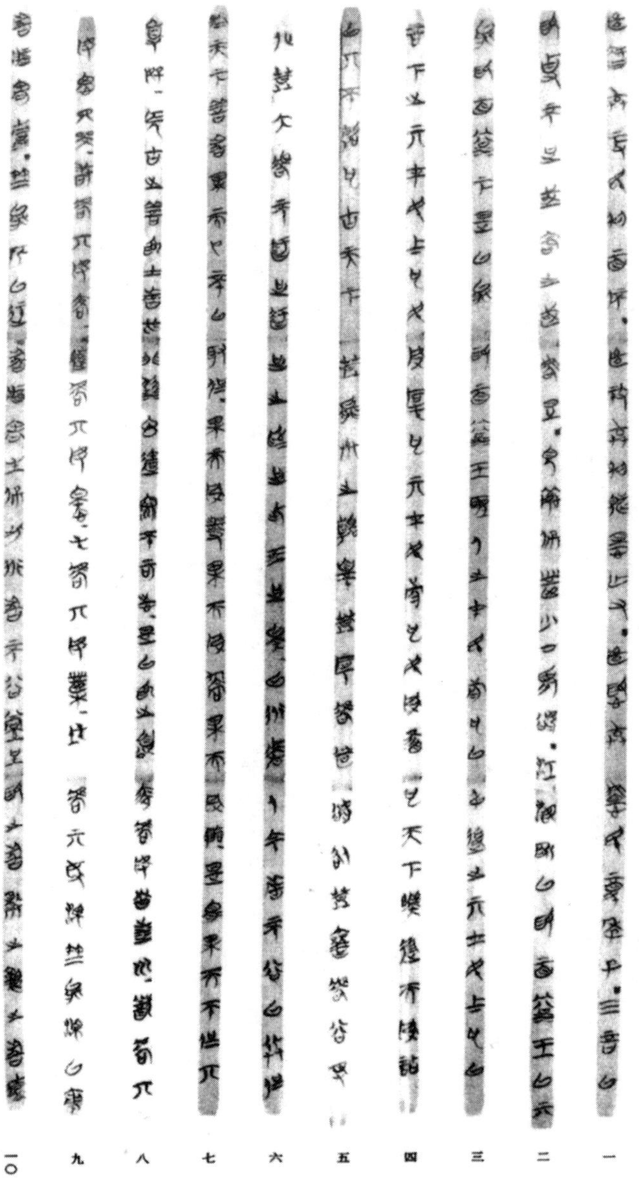

一 二 三 四 五 六 七 八 九 一〇

郭店楚墓竹简《老子》甲本片段

乙

一　二　三　四　五　六　七　八　九　一〇+残一一

郭店楚墓竹简《老子》乙本片段

引言

打开自家宝藏，共道不可胜用

老子哲学，是最具中国本土化色彩的“母经”，但随着秦始皇厚重城垣的崛起，老子在《道德经》中敞开的那爿神秘的灵悟之门便被沉重地闭合了。写满“体道”之激动的竹简、帛书，焚毁于暴力的火焰；血花飞溅的剑戟，闪烁着酷烈的悚人之光。自此，历史痛楚地缄默着、抽搐着，蕴藏在时间这一充满弹性的海绵体中的机会之水和各种美妙的可能性，大都消失在用狼烟和尸骸构筑的硕大阴影中。帛片、竹简，还有那些与瑰异绚烂的楚文化相粘连的一丛丛感悟的精灵，大面积地消亡，霸权时代开始了。

其后，老子的话语虽处在主流话语的边缘，但一直以宗教的形式占据着民间话语的主导地位，并与儒、释两家相拒相融、互动互补，构成中国传统思想与文化的特殊存在形态。时隔近三千年，老子所肇创的五千余言，仍穿越时空的藩篱，放射着启示的光芒。

老子无疑是轴心时代华夏文明的首位圣哲，是一位凭借自己的哲学魅力而不朽的原创性思想家，同时又是一位被重重历史迷雾所笼罩的神秘人物。

上篇

一

老子——紫光环绕的“龙”

老子生活于春秋后期，与孔子同时代，并年长孔子二十岁左右，为道家思想创始人。有关老子生平事迹的可靠记载，当推先秦文献典籍，可由于文献阙如，目前较为完整的文献记载仅见于司马迁的《史记·老子韩非列传》：

> 老子者，楚苦县（今河南省鹿邑县——引者）厉乡曲仁里人也。姓李氏，名耳，字聃。周守藏室之史也……
>
> 老子修道德，其学以自隐无名为务。居周久之，见周之衰，乃遂去。至关，关令尹喜曰：“子将隐矣，强为我著书。”于是老子乃著书上下篇，言道德之意五千余言而去，莫知其所终。

或曰：老莱子亦楚人也，著书十五篇，言道家之用，与孔子同时云。盖老子百有六十余岁，或言二百余岁，以其修道而养寿也。自孔子死之后百二十九年，而史记周太史儋见秦献公曰："始秦与周合，合五百岁而离，离七十岁而霸王者出焉。"或曰儋即老子，或曰非也，世莫知其然否。老子，隐君子也。

从太史公以"信以传信，疑以传疑"的口气写下的这数百字可以看出，距离老子时代不远的司马迁面对老子生平的种种难题已是一头雾水。因其所记迷离恍惚，故在学界引发出不小的争论。

即以司马迁笔下的那位太史儋而论，因"聃""儋"同义，且太史儋做过周太史，故其与"老子"究竟是否为同一人，学界一直争论不休。逮至今日，我们已有充足的文献资料证明二者绝非同一人。至于老莱子与老子是否为同一人，尚难考定，如果二者为同一人，那么，许多典籍文献中有关老莱子的资料便可用于对老子的研究，这将大有助于拨开笼罩在老子身上的迷雾。须加措意的是太史公关于孔子向老子问学的这段记载：

孔子适周，将问礼于老子。老子曰："子所言者，其人与骨皆已朽矣，独其言在耳。且君子得其时则驾，不得其时则蓬累而行。吾闻之，良贾深藏若虚，君子盛德，容貌若愚。去子之骄气与多欲，态色与淫志，是皆无益于子之身。吾所以告子，若是而已。"孔子去，谓弟子曰："鸟，吾知其能飞。鱼，吾知其能游。兽，吾知其能走。走者可以为罔，游者可以为纶，飞者可以为

> 矰。至于龙吾不能知，其乘风云而上天。吾今日见老子，其犹龙邪。”

关于孔子向老子问学之事，在《庄子》中亦有记载。《庄子》一书虽多为寓言，但寓言毕竟是“藉外论之”，即出于站在客观立场上的第三者之口，故较可信。从《庄子》的记载看，孔子听罢老子简述王学之道，对老子的仙风道骨、玄言妙语倾服不已，故发出了“吾乃今于是乎见龙”的慨叹。

孔子既对老子如此推崇，自然会对老子之学多有师承、发皇。下面不妨稍加引录如下——

> 君子谋道不谋食……忧道不忧贫。(《论语》)
>
> 朝闻道，夕死可矣。(《论语》)
>
> 人能弘道，非道弘人。(《论语》)
>
> ……

更须加措意的是，在《论语》中，随处可见老子对孔子思想的重要影响。如老子强调“圣人居无为之事，行不言之教”，孔子则云“无为而治”“予欲无言”。老子主张“以道佐人主”，孔子亦云“以道事君”。老子谓“始制有名。名亦既有，夫亦将知之，知之所以不殆”。孔子亦云“必也正名乎”。老子谓“为之者败之，执之者失之”，孔子亦云“勿必，勿固”。老子谓“以正治邦”，孔子亦云“政者，正也。子帅以正，孰敢不正”，等等。借此数端，足征“道”在孔子心目中占有何等重要的地位。

可发一慨的是，这一无可辩驳的事实却遭致后世学者有意或无意的抹杀，他们认定“仁”是孔子学说的核心，并举出老子所谓“绝仁弃义”“绝圣弃智”之语（其实最早的竹简本并无此二语，仅见诸世传本），强为“孔、老对立”之说张本，严重扭曲了老、孔思想上真实存在的承续关系，造成流传两千余年来“孔、老对立”的一大学案。事实上，所谓“仁”不过是孔子“修身立道”的手段而已。在《论语》中，孔子类似“遵道”、“学道”、“行道”、“适道”、“近道”、“谋道”、“忧道”和“弘道”的相关论述，随处可见。如果从更宽泛的意义上说，“道”实乃中国传统思想的核心，尽管它会被各个学派以不同形式加以呈现。限于篇幅，兹不具论。

如前所述，由于孔子对老子备极服膺，故当他见到老子后，不禁发出了“吾乃今于是乎见龙”的由衷慨叹。

这真是一个绝妙的象征，与关尹子以“东南真气”（紫气）作为老子行踪的象征，堪称“双绝”。

在道教的语符中，紫气实乃修道者经过特殊的修炼过程，逐渐变化气质，以至在形体外围出现不同颜色的光圈，或白或黄或红，只有修炼到了出神入化的境界，得道者的身体才会被紫光环绕，也只有道行高深且善察天象的人才能辨认这种光。比如，曾经当过令尹的关尹子，就是根据“紫气”判定“当有圣人度关”[①]，足见关尹子亦非等闲之辈。

且说关尹子看到骑着青牛远行的老子，作为“超级粉丝”，他深以这位超凡入圣的大智者“竟无一字与人间”便要出关而为

① 贾善翔《犹龙传》卷三。

憾，遂提出“子将隐矣，强为我著书”的要求，并以此作为批准其出关的硬性条件。一向强调“不争”的老子，在这件事情上居然也未与关尹子“争”，“乃著书上下篇，言道德之意五千余言”。

逮至今日，我们已无法判定，司马迁所记下的这个故事，其可信度究竟有多高，也无从判定老子当年出的到底是哪个“关”。然而，一个显见的事实是，司马迁所提到的“关令尹喜”，不少人把“关令”当作官职，把“尹喜”当作人名，但“令尹”在春秋战国时代的楚国实为掌握政治事务、发号施令的最高官衔，如此官位，又怎么可能去亲自守关？至于“喜”，似乎只能作“喜悦”解。基于此一推测，我们不妨进一步将“关令尹”理解为“关尹”，也就是在诸子百家中颇有名气的“关尹子”。

那么，老子是如何“完成”他的《道德经》的，这无疑成了一个难解的文化之谜。从现有文献看，在老子所处的时代，尚无撰写专书的风习，流行的是语录体的记录本，至于撰写专书，则是战国后期才出现的事。

由于老子没有开门授徒，不像孔子那样成为学派宗师，自然也没有弟子及再传弟子专门记录其言行。从《道德经》的“缘起”来看，它应当是老子“答关尹子问”的体例。关尹子在整理时，大概是有意抽去了自己的提问，只录下老子的回答——由于对话语境的抽空，我们在读《道德经》时往往发现其间有许多缺行断垄、文义不明之处。如果在《道德经》的文本中补入关尹子的提问，文义肯定会大为显豁。可惜，这已经不是后人所能为之事了。

由于庄子系老子之嫡传，故其所记老子事迹较多，也深得老学之神髓。从文风来看，《庄子》与《老子》相去甚远，后代诸多学者，如冯友兰、陈鼓应等，皆认为老、庄应各属一个体系，这恰恰显露出他们对老子并无真解（下面还要谈他们对老子“道”的谬解）。事实上，真正能阐发老子思想的，允推庄子，其《庄子·天下篇》堪称我国文化史上第一部“正解”《道德经》之书。此后，各家的解老之作，除王弼本外，均与老子的本意相去甚远。

从《庄子·天下篇》看，庄子将关尹子与老聃并列，且同视为“古之博大真人”，又引用关尹子之言“在己无居，形物若著”。且不论关尹子当时是否已有专书，但其无疑是将老子之书流传下来的重要人物。若就老子当时的“守藏史”身份而言，相当于现在的国家图书馆馆长，可谓位尊望隆。但他毕竟只是一“隐君子”，而非王侯将相，故正史文献阙如。仅凭现存的零星记载，远不足重修一部首尾相应、脉络分明的有关老子身世的信史，只能勉强勾勒出老子身世的粗略概况。因此，与其心劳力绌地在一些有关老子的枝节问题上纠缠，倒不如将精力放在对《道德经》文本的深入研究上。事实上，我们考辨老子的身世，其意义不正是为了辨明老子那玄奥缥缈、神秘高深的灵思睿见之内蕴、之由来吗？或许是“天留迷雾与人间”吧，老子毕竟迥非凡人，让其身世留下一点“飘忽不见如云烟”的神秘色彩，也许更符合这位“其犹龙邪”且被紫光环绕的圣人的特殊身份。

二

《道德经》的版本及流传情况

《道德经》之所以成为经典，就在于它是一种具有原创性质的最高元典；其丰赡、深邃并具有无限阐释性的真理内涵，已然成为本民族垂范久远的指针和取之不尽的精神源泉。作为卓绝的文本，它始终期待着人们的反复读解，且借助感悟的灵光与之相遇重新激活。从科学研究的视角看，作为经典，其版本的可靠性无疑至关重要。由于《道德经》一书距今已有两千多年，其间历经传抄、整理、翻印，其中出现不少误字、脱字、衍字、阙文、错简等，甚至有后人注释窜入正文，与《道德经》文本的原貌已相去甚远，老子的思想也因之受到严重歪曲。

从对《道德经》文本的注解与诠释来看，历代学者各施其能，各展其长，已成巨观。逮至元代，正一道天师张与材在杜道坚《道德经原旨·序》中已有“《道德经》八十一章，注者三千余家”之说[1]。至于目前研究《道德经》的文本究竟有多少种，尚无相应的统计数据，估计在千种以上。

从文献学的角度看，现存文本中最早注解阐发《道德经》的是韩非子的《喻老》《解老》二篇。若以时间先后为序，则西汉的严遵本是世传文本中仅晚于韩非子的文本。接下来便是汉代的河上公的《老子河上公章句》。此本之文辞虽不如王弼的《老子注》文雅，但对王弼本影响甚巨。王弼本的分章、顺序、总体框架，甚至舛讹，都基本上沿袭了河上公本的格局。而其他通行本也都按《老子河上公章句》统统分成八十一章，并无例外。

《老子河上公章句》注释简洁、析理透彻，广为学者们约定认可，并受到道教徒重视，成为他们必须传授修习的经典之一，流传甚广，影响綦巨。它与王弼的《老子注》同时成为老学发展史上两个颇有影响力的重要版本。若从版本学的角度看，这两个版本，尤其是王弼的《老子注》，并非最早的古本，而是经后人整理、加工，甚至改造过的。不过，从文献学的视角看，这种整理、加工、改造又是必要的学术工作，因在老子那个时代，各个邦国间书不同文，即使有幸觅得《老子》原本，想必也会充满生僻的古字方言，加之当时通行的表达方式与行文习惯，若不经过后人必要的学术化梳理、考辨，肯定难以贯读。

就在河上公本、王弼本通行了约两千年后，相继发生了两个在老子研究史上具有重要意义的事件，那就是：湖南长沙马王堆

① 《道藏》，文物出版社、上海书店出版社、天津古籍出版社 1988 年版，第 12 册第 725 页。

汉墓《老子》帛书甲、乙本的出土（1973年）；二十年后，湖北荆门郭店一号楚墓又发现了《老子》竹简本（1993年）。

据有关专家推断，郭店一号楚墓年代为战国中期偏晚，郭店楚简的年代下限应略早于该墓年代，所以竹简本的年代下限当为战国中期，早于汉墓出土的帛书。从郭店出土的竹简本本身看，它分为甲、乙、丙三组，并无“道经”“德经”之目。因在汉代以前，尚无“经”的名称。又据唐释道世《法苑珠林》卷六十八载:“汉景帝以黄子、老子义体尤深，改子为经，始立道学，勅令朝野悉讽诵之。”这一则史实非常重要，它具征改易《老子》一书之书名为《道德经》，当自汉景帝（公元前188—前141年）始。[①]后来发现的标为“德经”“道经”之目的帛书本也对此提供了文物支撑。

就文献价值而言，竹简本由于是迄今以来发现最早的文本，本着“近古必真”的原则，其文献价值自不待言。只是由于年代久远、竹简残缺严重，仅存两千多字，且多为古代异体字，但仍

① 许啸天在其《老子》一书中也写道:“在汉朝以前，原没有‘经’字的名称,《经子解题》说‘自汉以后，特尊儒学，乃自诸子书中提出儒学之书而称之曰经’。后来各尊其所尊，道家因尊老子而尊老子所写的笔记为《道德经》……”从目前的各种文献看，真正将《老子》一书尊称为道教三经之首的当在唐朝；确切地说，是到了唐玄宗时,《老子》一书才被封以《道德经》的尊称。又，据唐中宗景龙二年（公元708年）易州龙兴观建立的《道德经》碑，内容即是《老子》这部书。碑的正面刻的是《道经》三十七章，背面刻的是《德经》四十四章。另外在《弘明集》所载牟子《理惑论》中，有“所理正于三十七条，兼法老氏道经三十七篇”的话，而牟子为汉代人。由此可知，远在汉代，已有人将《老子》一书分作道、德二经了。不过，以《道德经》三字统称《老子》一书的，可能自沿用唐代开始的习惯。（参见南怀瑾《老子他说》）

不失为全面校勘或取舍老子经文有争议处的一个重要版本依据。

再来看长沙马王堆第三号汉墓出土的帛书本。帛书本《老子》有两种写本，一篆一隶，分别称为甲本、乙本。值得注意的是，在帛书本中，确有上下篇之分，并将“德经”置于“道经”之前，分别记着“德三千卌一”和“道二千四百廿六”——此为字数统计。应当说，这个古抄本不是最完备的古本，由于学问壁垒太高，而帛书《老子》又是陪葬物，甲、乙抄本多处破损剥落，其中甲本尤为严重，加之当时手民的文化水平未必很高，故舛讹衍误，往往而有。尽管如此，帛书本毕竟是除竹简本外现存的最早文本之一，又是独立于河上公本与王弼本之外的古本，故一字之殊，珍逾琳瑜，不少过去聚讼纷纭的疑难问题皆可借此得以解决。

通过以上所论，我们不难推导出这样一个结论：在竹简本、帛书甲乙本、王弼本以及其他诸种文本中，当以竹简本最接近《老子》一书的原貌。《老子》一书并非成于一人一时，而是经历了一个由春秋古本到通行今本的演变和形成的过程，是历代学者不断积累、不断修订、不断完善的智慧结晶。从王弼的通行本看，《老子》一共八十一章，恰为九九之数，这显然也是出自后人的一种精心设计。开首的“道可道，非恒道”，提纲挈领，似乎预示着后面蕴含着一个严整的内在体系，其实并非如此。韩非子当年所读的《老子》，就是以“上德不德”（通行本第三十八章）开篇的；司马迁看到的那个分为上下篇的《老子》，应该就是一个类似帛书的版本。也就是说，后来的通行本，是历代学者们力图通过文字训诂和意义解读等学术手段，努力发掘老子之原义的灵智之果。所依凭者，乃乾嘉以来朴学之根本之法，厥功自在，但也确实存在限于认知水平、未解文义便妄加增删修改的现象，这就导致了现存的各种文本，皆与老子原著的本来面貌相去甚远，故不宜将其中的任何一种文本视作客观文本或曰权威文本。尤须措意的是，新出土的帛书本和竹简本，以其独特的文献价值，为后来者综合前人的研究成果，在深刻理解老子思想体系和内在逻辑的基础上重构《老子》的文本结构，使其更加接近老子的本真面貌提供了重要的参照。本来，一部中国古代思想史就是通过不断注经解经而向前发展的历史，而文字训诂、词义考释、篇章结构的还原，无疑都是奠定老子研究的学术基础，准确读解文本的重要前提。

接下来的一个非常现实的问题是，我们今天读《道德经》，究竟读哪个版本好呢？这个问题十分复杂，未易一言以断。最好的办法当然是各种版本都读，通过比较进行鉴别，让孤立的文本“立体化”，尽可能地接近经典的原貌。但对一般非专业读者来说，还是应当读通行本，参以其他读本，以了解《道德经》在中国思想史上的意义为主，不宜过于学术化。至于竹简本，那可是连为老子作传的司马迁都未曾看到过的啊！

三

《道德经》的文本特性与老子的身份认同

《道德经》的通篇主旨是论道，但老子所采取的是形而上的视角。也就是说，老子所论乃作为世界本源、宇宙本体的形而上之道，它作为一种揭示宇宙本源、本体、运行法则以及为政之道、人生终极意义的“经典”，自有其“通亿载而为津”“俯贻则于来叶”的不朽价值。同时还须指出的是，老子在《道德经》中，还展示出一种无法用逻辑推演加以证实的超理性特征，再加上他那种隐喻性的、“正言若反”、“同词异训”的表述方式以及独特的论证与自洽方式，这对于深受科学理性主义教育熏陶，认为科学理性是认识与解释宇宙一切现象的现代人来说，无疑也增加了阐释老子的难度。

如前所述,《道德经》的通篇主旨是论道，对此，历代注家的看法并无大异，但对诸如“道”“德”“自然”“无为”等概念、范畴的认识，诸家各缘所会、见智见仁，远未达成共识。即以“道”而论，此乃老子哲学的最高范畴，也是老子整个思想体系的基础、核心和逻辑起点。究竟应当如何准确地把握与界定“道”，是历来老学研究者面临的首要课题。在这个问题上，为什么会造成“言人人殊”、聚讼纷纭的现象？是否与老子那种“以道视之”的形而上的视角有关？窃以为在辨明这些问题之前，有必要对老子的“身份”重新进行认同。

（一）老子是一位极具宗教意识的圣哲

所谓宗教，依照宗教学创始人麦克斯·缪勒（Max Muller）的说法，即“一切宗教的基本要素之一，就是承认有神灵的存在”[①]。

著名英国宗教哲学家约翰·希克（John Hick）将宗教定义为，人类在不同的文化背景下形成的对同一的终极实在的不同回应。即将其认识为上帝、梵、道、神、天等，因为“绝大多数宗教形式都肯定超越于人类和世界的拯救性实在，人们把这个实在不同地想象成人格的上帝或非人格的绝对者，或者想象成宇宙的普遍有序的结构、过程或基础”[②]。由此可见，“人与神

① 麦克斯·缪勒:《宗教的起源与发展》，金泽译，上海人民出版社 2010 年版，第 16 页。

② 约翰·希克:《宗教之解释》，王志成译，四川人民出版社 2003 年版，第 7 页。

的关系”实乃一切宗教的根本。执是以衡，老子无疑是一位极具宗教意识的圣哲，他之所以著《道德经》，皆源发于他本人的强烈的宗教意识。

在《道德经》中，专门论道的就有七十余处，并反复申言，道为“万物之母”“天地根”“天下母”，其意涵与基督教、犹太教、伊斯兰教和印度教将其所尊奉的至上主神称为造物主大致相同，足见“道只不过是老子对终极神的一种称谓。老子在《道德经》中展示的对道的信仰及相关的认识、行为、情感和经验，充分显示了他的宗教性”①。“《道德经》中充满了对道的超越性、神圣性和精神性的表述”②。当然，在《道德经》中，也确乎存在着神圣与世俗、形而上与形而下杂糅的情况，对此，笔者在后面还要加以论述。

总之，从本质上说，老子的伟大之处，就在于他是一位极具宗教意识的圣哲。他并不注重宗教的外在形式，而是直指宗教的内在本质。神圣与世俗、有限与无限、现实与超越，在老子那里达到了一种最瑰丽、最完美的汇合。倘若溯及中华民族天人合一的宗教文化理念之由来，老子所阐发的一系列重要的宗教理念，如天人不二、人神交融、道器如一等，无疑具有肇创之功。从这个意义上说，《道德经》无疑是一部伟大的宗教教义经典，老子的宗教信仰、终极关怀、天才洞见，皆在此中得到精妙的阐发。

① 安伦：《老子指真》，社会科学文献出版社 2016 年版，第 175、176 页。

② 同上。

（二）老子是一位内功高深的冥修内观者

这一点，虽无直接的文献记载，却可在《道德经》的文本中得到足够的内证。如第六章："谷神不死，是谓玄牝。玄牝之门，是谓天地根。绵绵若存，用之不勤。"又如，第十章："载营魄抱一，能无离乎？抟气致柔，能婴儿乎？涤除玄监，能无疵乎？爱国治民，能无为乎？天门启阖，能为雌乎？明白四达，能无知乎？"这显然是冥修者之声口，前五句实乃老子本人对冥修之窍要的自述，末句则是冥修的结晶。

所谓冥修，诸家所论，各缘所会，虽微有不同，然通过"正自形、调气息、摄心意"（所谓调身、调息、调心）而"入静""入定"，进入神人合一的超越之境，了悟天道至理则一也。苟能如是，则纵使"不出户""不窥牖"，凭借冥修内观之功，同样能够"知天下""见天道"——此一理路，常人殊难知解，但对于具有超理性的冥修洞悟能力的老子来说，这一"不行而知，不见而明"的境界，则是自然而然的冥修之果。

如果从此一悟解出发，再来返观《道德经》第十六章，便会发现以往诸家对此的解释，皆大悖老子的原意。如"致虚极，守静笃，万物并作，吾以观复"，开首两句，显然是对一种冥修状态的描述。唯有进入此种状态，方能"观复"，进而彻悟"复归其根"之理，而这个"根"，即"天地根"，亦即"道"——这一切显然是通过冥修内观入静后所悟得的。对此，以往的《道德经》注家几乎鲜有着墨者。

又如，《道德经》第十四章："视之而弗见，名之曰微；听之而弗闻，名之曰希；抟之而弗得，名之曰夷。三者不可至计，故混而为一。其上不谬，其下不忽，绳绳兮不可名也，复归于无物。是谓无状之状，无物之象；是谓惚恍。随而不见其后，迎而不见其首。执今之道，以御今之有，以知古始，是谓道纪。"第二十一章："孔德之容，惟道是从。道之为物，惟恍惟惚。惚兮恍兮，其中有象；恍兮惚兮，其中有物。窈兮冥兮，其中有精；其精甚真，其中有信。自今及古，其名不去，以阅众甫。吾何以知众甫之然哉？以此。"皆为老子进入冥修入静之境后对"道"的内观体悟，舍此而欲他求，只能是求之愈笃，离道愈远。西谚有云：欲论荷马者，当与荷马同高。斯言极是。

（三）老子是一位"独异于人"的孤行者

老子在世时，无疑是一位大孤独者，这一点从司马迁《史记》中所记载的关尹子求道老子的故事便可看出：老子当时并无讲经之意，只想西行隐没，身边亦无前呼后拥的弟子随从。太史公的这种记载应当是真实的，因上古的智者大多不聚徒开讲，他们更注重个人的冥修苦炼。正如《论语》中"尧曰"一章记载的尧让位于舜时所说："天之历数在尔躬，允执其中。四海困穷，天禄永终。"既然"天之历数"集于我一人之身，则"我"是一切生命存在的显化，只要我改变了我的生命存在状态，也就改变了十方众生。我一人解脱了，十方众生也就自然解脱。我还有什么可以"言说"的呢？与此相近的事例在佛教典籍中也所在多有。如天台宗二祖慧思大师得道后，独自隐居林间，有人问他为何不去度化众生，慧思大师应道："我独坐孤峰顶，一切众生我已度尽。"此与尧帝所谓"天之历数在尔躬……"，属意正复相同。在老子看来，他本人固已得道，但他无意形之于言，只是被关尹子逼得无奈，才勉强成此"五千言"。值得措意的是，在此五千言中，老子曾留下了他本人的一幅"自画像"。

> 唯与呵，相去几何？美与恶，相去何若？人之所畏，不可不畏。荒兮，其未央哉！众人熙熙，如享大牢，而春登台。我独泊兮，其未兆。沌沌兮，若婴儿之未孩。傫傫兮，若无所归。众人皆有余，而我独若遗。我愚人之心也。俗人昭昭，我独昏昏；俗人察察，我独闷闷。众人皆有以，而我独顽以鄙。我欲独异于人，而贵食母。

其孤独乏俦之状，宛然如见。这也印证了太史公在《史记》中对老子作为"隐君子"的描绘。所谓"隐君子"，本来就是离群索居、"若无所归"的。

或许是因为像老子这种具有超凡入圣的独异禀赋的悟道之士太过稀缺，老子生前恐怕难有可与其进行精神层面对话的冥修得道的知音，这一点，从其"吾道甚易知，甚易行。天下莫能知，莫能行""知我者稀，则我贵矣"诸语中便已窥出端倪。从这个意义上说，老子的孤独，正与他的那种宗教理念、超理性的冥修洞悟互为表里，不足为怪。身居人类大智慧、大超悟之金字塔顶端者，从来都只能是极少数"致虚极""守静笃"的卓荦之士。

而老子的超绝之处，正在于他虽身处孤绝之境，却始终能够栖居在“窈兮冥兮”的形上空间，不倦地拓展智慧的圣域。如果我们将老子的创说比拟为“哲学的天籁”，那么，当我们揽读老子笔下那些“以道观之”、灵性飞扬的文字时，不能不惊叹交作，宛若仰望到老子那超越性的感悟的大翼，正培风而上，凌空御虚地飞翔在广袤无际的文化莽原之上。

四

如何看待《道德经》的文本误读

通过上面的一路考论，问题已很明显，由于老子独特的宗教情怀、思维方式及冥修内观的高深功力，“正言若反”“同词异训”等表达方式，注定了《道德经》文本的玄奥邈远；故对它的误读，也就势所难免。归拢起来，导致误读不外主客观两方面原因。关于客观原因，笔者在《〈道德经〉的版本及流传情况》一章中已有所论及，下面着重从“误读”的主观原因谈起。

应当承认，历代的《道德经》注释者，无不以发掘文本中的“原义”为初衷。尤其是以《河上公老子章句》为代表的那种“就经为注”的注释形式，可谓字字皆以“得秉笔人之本意”为要旨。可问题在于，作为文本的《道德经》是一个生成系统，所有与此相关的解释都是其意义系统的有机部分。所谓“原义”也并非一个静态的、可用明晰的逻辑语言抓到手的东西，而是研究者们“读”出来的，很难说没有注释者本人的前理解结构在起作用[①]。当某论者发现了文本中的“微言大义”，并宣称“得之矣”时，我们却不禁要问，注者进行判断的先验原理或真理之尺究竟是谁给出的？更诡异的是，当注家正醉心于自己的某种“结论”时，另一位论者却又“读”出了不同的“原义”。用王船山与谭献的话说，即“作者用一致之思，读者各以其情而自得”（《姜斋诗话·诗译》），“作者未必然，读者未必不然”（《复堂词话》）。

论者在“读”后各缘所会，各执一词，互不相让，那么，究竟如何判断各家之说是否正解、定解？其判断的依据究竟是什么？最终还是要看是否符合作者的“原义”，这在事实上又回到了原点。在诠释《道德经》时，我们还会发现，不少注家摆出一种历史实证主义的姿态，似乎“下必有由”，而实际上不过是在自圆那别出心裁的一家之得。笔者以为注家之所以如此，恐非故弄狡狯，实因诠释经典本身确实大非易事。

更有甚者，不少注家会拿出某种“经典文献”（如《韩非子》《庄子》《史记》），来为自己的成说张本，并说此书陈义最高，但真实的情况恐怕是他本人对其他经典并不熟悉。

---

① 对此，德国诠释学家伽达默尔曾经指出：“理解甚至根本不能被认为是一种主体性的行为，而要被认为是一种置身于传统过程的行动，在这过程中过去与现在经常地得以中介。”又云：“一切诠释学条件中最首要的条件总是前理解……正是这种前理解规定什么可以作为统一的意义被实现，并从而规定了对完全性的先把握的应用。”（《真理与方法》（上卷），洪汉鼎译，上海译文出版社 1999 年版，第 372、376 页）伽达默尔在此所强调的，实际上是作为诠释主体的当下性。如果回到我们的论旨上来，究竟应当如何看待这种“当下性”呢？笔者认为还是应当将诠释主体放到整个《老子》的研究史中，放在一种动态系统中，即历时与共时相结合的系统中进行立体考察。

说到底，这还是来自解经本身的困难。

那么，究竟应当如何看待这种困难呢？

从“文本论”的视角看，首先，《道德经》作为一个开放性的文本结构，每一位注家都具有某种“阐释的自由”，尽可称其心而尽言。又由于我国文化传统自身的特点，各学科、各维度之间并无严格的分野，故不同的学术背景、专业特长的学者皆可从自身所专擅的某一点，对《道德经》进行读解。至于那些舛误百出的“圆谎式的诠释”，就更不必细论了。

论《道德经》，必须正视其核心主旨，即在《道德经》中出现了七十余处的那个“道”。对“道”的解释，历来治老者都是各执一说，未有定论。其中有一种极具权威性的对“道”的认识，就是始于魏晋时期王弼和何晏的“虚无论”。这一论点对后世文人影响甚深。王弼、何晏认为老子之道就是虚无，所谓“有皆始于无”。王弼曾如是注解《老子》第四十二章：“万物万形，其归一也。何由致一？由于无也。由无乃一，一可谓无。”（《老子道德真经注》）晋人韩康伯亦谓：“道者何，无之称也。”唐人孔颖达称：“一谓无也，无阴无阳乃谓道。一得为无者，无是虚无，虚无是太虚，不可分别，唯一而已，故以一为无。”[①] 上述观点，显系深受王弼、何晏“老子注我”论的影响。然而，王弼、何晏的“虚无论”早在唐代就遭到陆希声的批判，他愤然道：“王、何失老氏之道，而流于虚无放诞……皆老氏之罪人也。”[②]

令人费解的是，逮至近现代，一些主流学者仍持斯说，如冯

① 孔颖达：《周易正义》，中国致公出版社 2009 年版，第 186 页。

② 《道德真经传·序》，见《全唐文》卷八百三十，中华书局 1983 年版。

友兰认为，在“《老子》中的宇宙观当中，有三个主要的范畴：道，有，无。因为道就是无，实际上只有两个重要范畴：有，无”[①]。在冯氏那里，既然无取代了道，道也就消失了。胡适亦认同此说，认为：“道与无同是万物的母，可见道即是无，无即是道。”[②]

对“道”采取全然否定态度的是陈鼓应，在他看来，“‘道’是‘惟恍惟惚’的，是‘独立而不改’的，是‘天地之始’、‘万物之母’的，这一切都是非经验的语句，都是外在的世界无法验证的。”（《老子注释及评介》）由此可见，陈鼓应对道的公然否定，实乃实证主义在作祟。在他看来，一切不能以经验或证据验证的东西都是无意义、无价值的。这足以表明他于老学实无真解，语皆肤略，未窥窈眇。至于对老子的超越性、灵悟性的形上思维特征，陈氏更是茫乎不晓、识碱弃璧、言不符实，令人有榛芜弥望之慨。质言之，这种所谓基于科学实证主义的观点看似科学，实则大悖科学与理性。

就《道德经》的文本而论，其开章十二字便分明已直显离言之妙，若有强作解者以不可道者谓常道，不可名者谓常名，则有“死于句下”之虞。大而言之，老子五千余言皆为活句，昧于此义，只迷信于“实证”，岂能解老乎？

又《道德经》开章即用“有无”二门，交互言之，以显玄旨，此即五千余言之枢纽。在本章之末，老子又云：“玄之又玄，众妙之门。”此重玄法门，即老子所证之“道”，万言难罄，故老

① 《中国哲学史新编》第 2 册，人民出版社 1984 年版，第 44 页。

② 胡适：《中国哲学史大纲》，东方出版社 1996 年版，第 47 页。

子亦不欲详加申发。要之，解老者，不从此超越性的形而上领域着眼，难免妄谈火浣之病。

从历史的视角看，冯友兰、胡适、陈鼓应的上述论调实则代表了新文化运动以来一批主流学者或所谓国学权威的一致性观点。他们在相当程度上曲解了传统中华文化，特别是中华文明中最具价值意义的精神超越核心。

可发一慨的是，逮至今日，上述那些对老子的道旨茫然不解的国学权威，仍因其权威地位足以震慑常人而产生影响力，倘若我们不能对此进行深刻的认识、反思和清理，那么，所谓复兴中华文化和民族精神就是一句空话。

又，作为历史风云的洞察者，老子叹周室之式微，痛礼乐之崩坏，悲邪曲之害公，哀民生之艰危，体大道之运行，故其五千余言皆出自灵府，发用盛大。由此一认知出发，不少论者认为老子的哲学是一种政治哲学，其持论的主要理路在于坚持认为老子的哲学绝非凌虚蹈空之物，而是一种历史的产物。如是作解，看似言之凿凿，实则与老子著书的本旨相去甚远。如前所述，《道德经》中，确实存在着神圣与世俗、形而上与形而下杂糅的情况，但不论是治国修身的政治理念，还是处世修身的根本原则，抑或是诸如“自然无为”“柔弱不争”等基本理念，无不是围绕着超越之道而展开，无不是道的特性在形而下的世界的延伸。执是以衡，我们对《道德经》文本的误读，实源于不能正确看待其中道与器、神圣与世俗、形上与形下之关系。对此，安伦先生从历代注老者的主观方面入手，并细分为“认识能力的局限”“缺乏老子的内观功力和认识高度”“古文费解和注释误导”“人神杂糅与造神运动”“盲目迷信西方思想观念”“‘文革’思想的禁锢”“宗教学常识和学术规范的缺失”“有意无意的曲解”等八个方面，深入解析了造成老子文本误读的原因，深合吾心，但限于篇幅，无法具引，建议有兴趣者不妨检来一读[①]。

总之，后人对于《道德经》的文本误读，其原因固非止一端；但由于历史语境的悬隔，加之来自自身的种种拘囿，以致无法与老子对于天地古今那种“以道观之”的超理性的形上思维方式，以及“同文异训”“正言若反”的表达方式建构起一种文化上的对应关系，实为一大要因，故“隔”在所难免。从这个意义上说，读懂老子，是一种长期的修为。

① 安伦《老子指真》，社会科学文献出版社 2016 年版，第 123—131 页。

五

老子哲学的深巨影响及当代意义

《道德经》作为一部“综罗百代，广博精微”（纪晓岚语）的智慧元典，似乎在各个领域都有着无限的解释力。不管从哪一方面引申，人们皆可从中找到各自所“发现”的东西而加以申发。如有论者认为《道德经》是“王官之学”，有论者认为《道德经》是专门写给诸侯与国王看的政治哲学书，热衷军事者将其理解为用兵之道，关注政治者将其理解为治世之道，喜好谋略者将其理解为“权术”，从事商业者将其理解为生财之道，追求长寿者将其视为养生之道……踵随历史的演进，老子的哲学几乎涵盖了中华文化的各个方面：帝王术、兵术、神仙术、丹术、陶术、养生术……但必须指出的是，上述这些止于“用”的层面的理解大多是建立在对形而上之道否定基础上的产物，都有意无意地忽视了道作为万物之母的形而上的超越性，或对道只作形而下的理解，难免喧宾夺主或以偏概全，大悖《道德经》的核心主旨。

但真正具有永恒价值的东西必将存活于时间的深度里。中华民族之所以具有如此强大的生存能力，之所以能恒久地保持文化上一脉的绵延不绝并永葆特性与活力，之所以能够成为世界四大文明古国中唯一没有产生重大的文化断裂的民族，《道德经》的思想在其中起到了相当重要的作用。它与儒家文化构成了中国传统文化的两大支柱，犹鸟之两翼、车之两轮，缺一不可。作为一种文化遗传基因，老子的思想已深深地渗透到中华民族的生存方式、生活方式和思想方式之中，逮至今日，仍深刻影响着中国人的世界观、人生观、价值观、审美观、生死观等文化观念。

从《道德经》的流播史看，其影响不仅在中国，而且早已“走向世界”。据相关统计，《道德经》是世界上除《圣经》之外被翻译成的语种最多、发行量最大的文化典籍，有近五百种外文译本，对世界文明影响綦巨。1987 年，《纽约时报》将老子评选为世界十大作家之首。世界各国的思想家、哲学家、文学家亦纷纷撰文，表达对《道德经》的崇高敬意。著名哲学家黑格尔对老子思想一向极为推崇，其在《哲学史讲演录》中高度评价老子“是东方古代世界的精神代表者”。在西方学者看来，《道德经》是中国思想文化的智慧之源，借用德国哲学家尼采的话说，“像一个永不枯竭的井泉，满载宝藏，放下汲桶，唾手可得”。据著名数学大师陈省身先生回忆，他在 1943 年至 1945 年访问普林斯顿期间，曾去过爱因斯坦的书房，发现爱因斯坦的书架陈书不多，但一本《道德经》德译本却赫然在目[①]，足征《道德经》对西方科学家亦有着深巨的影响。

老子思想不仅发挥了巨大的历史影响，而且具有极其重大的当代意义。兹举其荦荦大端而言之。

（一）确立道德价值标准，重构中华民族的文化精神

从历史的视角看，两千多年来，中国社会始终有一个以儒、道、释为主体的多元融合的精神文化体系，古代士人与这种精神文化体系也有着一种天然的契合关系。不幸的是，这个延绵数千年的精神文化体系被后来的一系列事件与运动所崩解，导致国人陷入信仰缺失、道德失范的空前的精神危机之中。精神生活的无根性，构成了当代的一大特征。目无古贤，唯余现代；悖离大道，直至长驱而入"后现代"之死巷。正法衰微，道脉丝悬，举世纷纭，钝置心法。长此以往，必将成为永远失去精神家园，遭到时间放逐的落魄游魂。

值得注意的是，我们今天所面临的种种称之为现代病的问题，老子早已看到雏形与端倪。而老子的伟大之处就在于，他既看到了"道德"是社会人的本质需求，又明确地提出了"道德话语"（第三十八章），使人们的精神需求有了一个真实可靠的价值依归，并以"以道观之"的哲学深度奠定了中华文化的道德价值基础。

在《道德经》中，老子所极力倡导的是一种顺天合道、效法

① 陈省身《庄子显灵记·序》，《庄子显灵记》，作家出版社2005年版，第3页。

自然、以人道合天道的积极人生观，其中的“道常无为”“道法自然”“致虚守静”“柔弱不争”“知常曰明”“啬俭为本”“慈容善信”“知荣守辱”“抱朴归真”“知足不殆”等原则与理念，已然成为中华民族有别于其他民族的特有智慧与美德。中华民族之所以具有如此强大的生存能力，之所以具有非凡的坚韧性与博大的包容性，之所以能够成为世界上自古至今唯一有文字记载的、历史没有断裂的民族，无不源发于此。

在以“弱肉强食”“适者生存”的西方话语为主导的现代语境中，老子的上述原则、理念曾被视为消极、保守的弱者哲学而遭到遗弃，造成国人心态日益浮躁，情绪日益偏激，精神危机日趋严重，这是极为可虑的。

又，如果进一步从“五四”文化启蒙的视角看，随着近代有识之士的鼓吹，所谓“科学”的价值观已然深入人心，并以压倒一切的势头，决定着对传统文化的评估与取舍，但先哲们的精神指归以及我们这个民族的灵魂关注、民族精神的发展问题，又岂是所谓“科学”所能彻底解决的？因此，有必要进一步开掘几千年来先哲们为我们开发出来的教化源泉，以补救科学之不足，力拯物质文明的缺失。对此，荣格的一段睿智之语对我们颇有启发性：“当我们正用工业成就把东方人的世界搞得天翻地覆之际，东方人亦正以其精神成就，把我们的精神世界弄得狼狈不堪。我们仍未想到，当我们从外面把东方人打败之际，也许东方人正从内部把我们包围住。”（《现代人的心灵问题》）荣格在此所说的“东方人”以及东方人的“精神成就”，自然包括中国人以及中国传统的宗教文化。作为一名“旁观者清”的西方学者，他显然看到了中华传统文化对世道人心的纠偏与匡救作用。在西方，不少学者皆有此共识。作为一个对民族慧命及人类前途有所担当的有识之士，能不奋起以振拔之！

溯而言之，老子的思维方式植根于中华民族悠久深厚的农耕文化，其价值理念、道德标准早已积淀在中国人人格结构的深层。随着社会的进步，人们越来越发现，正是老子，为世人提供了更为合理、深刻，也更为恒久的价值行为理念。重新品读这些“通亿载而为津”的“圣人之言”，我们深感时间的不可逆性并非像我们想象的那样邈远，那位皓眉积雪的大智叟，仿佛正屹立在当兹文化迷津的入口，目睹着物欲横流、逞强争胜、善复为妖的人类日趋严重的“异化”现状，义正词严地批判着这个精神与道德双重沦落的时代舍本求末的迷途倾向。

（二）汲取老子智慧，建构中华民族乃至人类精神共同体

中华民族究竟有没有宗教信仰，不少主流学者皆持否定的意见，如胡适就认为：“中国是个没有宗教的国家，中国人是个不迷信宗教的民族。”[①] 这充分表明胡适不仅对与西方的宗教体系全然不同的本土宗教信仰懵然无知，甚至连宗教的基本性质、功能也不甚了然。事实上，自古以来，人类所有民族无一例外地皆有其宗教信仰，它不仅是人类文明的起源与基础，同时还具有维系一个民族的精神生活、维护社会道德与秩序、确立伦理规范、凝聚人心等重要的社会功能。

作为精神文化经典，《道德经》通篇论道，这种“道”的基本性质是天地万物之母（造物主）、形而上的超越之道、宇宙的终

① 《胡适文存二集》，亚东书局 1928 年版，《名教》第 91 页。

极奥秘、万物的主宰，“这些都与世界其他文明中圣人先知对造物主、至上神圣的宗教认识基本雷同，足以证明老子所论之道就是人类其他宗教的造物主、至上神，其超越性、精神即宗教性也显而易见”[①]。一部《道德经》，字里行间充溢着对道的敬慕与崇信，充溢着深切的终极关怀与宗教精神。它虽然是道教的立教经典，却没有具体的建制形式，没有排他性的建制结构，理应成为发展完善共同体精神理论建构的一种基础来源。在全球化时代，不少有识之士早已看到，对人类生存构成最大威胁的危机之一是以宗教排他对立为背景的文明冲突，对此，西方学者显得有些束手无策。而以《道德经》为主导的这种多元包容的模式想必会比斥异排他的建制性宗教更适合全球化人类多元社会的共同发展，在消解宗教对立排他、化解文明冲突方面，其必将发挥越来越大的作用。

在此，我们还应充分认识到，中华民族乃至人类精神共同体的现代理论建构是一个庞大的工程，它需要《道德经》这样的智慧元典作为基础，同时也应当借鉴、汲纳儒、墨、法等各家哲学以及人类其他文明和现代理论中所有的精神文化成果，使“道”最终成为被中华民族普遍接受的至上信仰。

（三）注重以直觉与灵悟为特征的道家思维方式，充分发挥道家哲学的当代价值

为“促进思维方式的科学化、现代化”，力矫中国古代缺乏所谓“知性思维”的特点，不少学者试图通过强化我们思维中的形

① 安伦《老子指真》，社会科学文献出版社2016年版，第251页。

式化、逻辑化、确定化、定量化、程序化和模式化的因素，来改进与提高我们民族固有的思维方式。但也有不少学者认为，中华民族自有其本身的思维方式，我们的民族文化自有其无限潜能与内在活力，不必一切唯“科学”是从。二者聚讼纷纭，莫衷一是。

事实上，注重逻辑推演的科学思维与东方思维传统并非形格势禁，互不相容。东方思维，尤其是以老子为代表的道家思维，在现代科学发展中正越来越表现出积极的意义和顽强的生命力。向道的传统复归，已然成为物理学新发展的重要倾向之一。以提出介子场理论而荣获 1949 年诺贝尔物理学奖的日本著名科学家汤川秀树为例，他本人在从事介子场理论研究的过程中，之所以不断有所创获，大非偶然，诚如他本人所言：

> 至今已发现了三十多种不同的基本粒子，每种基本粒子都带来某种谜一样的问题。……更加可能的是万物中最基本的东西没有固定的形式，而且我们今天所知的任何基本粒子都不对应。它可能是有着分化为一切种类基本粒子的可能性，但事实上还未分化的某种东西。用所习用的话来说，这种东西也许就是一种“浑沌”。①

微言精理，掇皮见真，妙在汤川秀树以老子的“混沌”思想来研究基本粒子问题，最后竟推导出这种东西本身就是一种“混沌”。所谓“混沌”不外表示道体的异常丰满，同时又处在阴阳未分、“惟恍惟惚”的状态。汤川秀树的这一结论的获得，充分显示出他本人深受老子思维的惠泽。

① 《创造力与直觉：一个物理学家对于东西方的考察》，复旦大学出版社 1987 年版，第 49 — 50 页。

由此一认知出发，我们有理由进一步认定：注重科学的逻辑思维与注重灵悟的道家思维，各擅胜场，各有所长，未可强为轩轾。如果着眼于人类文化的全面发展和人类历史的长远未来，以老子为代表的道家思维自有其历久不衰的内在价值，未可是此非彼，轻判优劣。事实上，早在半个多世纪前，曾与爱因斯坦进行过激烈的学术争论的西方科学家玻尔，便对道家哲学表现出拳拳服膺之情。当他于1949年荣获大象勋章的最高荣誉并被封为爵士时，为自己设计了一枚前所未有的纹章：在椭圆形的图案中心绘着一块醒目的太极图，以此表示阴阳的互补关系，同时加上"对立即互补"的铭文。这充分表明，毕生从事科学研究的玻尔已然发现，老子学说与现代科学之间有着深刻的互通性。

除了重直觉思维外，老子还一向强调内省。内省的前提则是"致虚极，守静笃"，只有如此，才能通过"内省"获得最高的智慧。"上士闻道，勤而行之；中士闻道，若亡若存；下士闻道，大笑之，不笑不足以为道。"老子所描述的这种现象之所以发生，是由于道体超言绝象，为人类感性与通过经验推理所获得的理性认识所不能及，必须通过直觉体悟，达到与"道"为一的境界。事实证明，在当代的科学实践中，人们已越来越重视直觉、想象、内省、顿悟这类思维形式对于科学创造与发现的重大作用，并自觉地将它们与注重分析、推导与归纳的科学逻辑思维交替运用。对此，汤川秀树曾深刻指出："看来重要的问题是在直觉与抽象之间实现平衡或协作，现时代科学文明的问题就在于此——人们似乎普遍感到科学远离了哲学和文学之类的其他文化活动。"①

① 《创造力与直觉：一个物理学家对于东西方的考察》，复旦大学出版社1987年版，第78页。

汤川秀树此语，可谓折肱之论，值得我们用心体识。

（四）打开自家宝藏，为人类文明的未来发展作出更大贡献

中华传统文化的精神是一个无所不包的体系，信仰、宗教、伦理、文化、政治皆集于此，且彼此间并无明确的分野，但却担负着精神信仰、价值伦理、文化传承等重要的社会功能，这一点与现代西方观念（如强调学科分工严密等）影响下的体系观迥然不同。作为中华民族的“母经”，《道德经》涵盖了从形而上的超越维度到“修齐治平”的现实领域，它最适合我国的国情，也理应成为全民族的共同信仰和追求。

近年来，党中央提出“建设中国特色的社会主义”。具体到文化层面，党中央又提出“文化是综合国力的一部分”“保持和发展本民族文化的优秀传统，大力弘扬民族精神，积极吸取世界其他民族的优秀文化成果，实现文化的与时俱进，是关系广大发展中国家前途和命运的重大问题”，这充分证明党中央对文化问题的认识在进一步深化。与时俱进的中华民族，始终与中华优秀的传统文化、人文精神互为表里，一脉相承，它必将在未来世界文明的创化过程中显示出越来越强大的生命力。

可逮至今日，我们却痛心地发现一种危险的倾向，即妄图轻易地摒弃自己的文化传统，将一切推倒重来，凭空建立一种前无古人、一空依傍的全新系统。及以至是，必将贻患无穷。至于那种食洋不化、唯西方马首是瞻、以全球文化一体化为时髦，将优秀的中华文化遗产视同敝屣的历史虚无主义的文化立

场，同样为害綦巨！基于此一当下语境，我们必须还原《道德经》以本来面目，进一步认清中华文化在源头上是何等清纯、透彻、博大与深邃，从而充分发掘老子哲学的智慧资源，努力寻求使传统文化“创造性再生”的内在动力与源头活水，达到真正意义上的文化自觉，这对重构高度异化的文明世界，对人类的团结、进步、繁盛与可持续发展，对中华民族的全面复兴，皆具有举足轻重的意义。

目前，“老子热”正在全球范围升温，不少西方学者一直在进行老子研究。依笔者之见，形成“老子热”的原因不止一端。一方面，作为在我国古代第一个明确提出系统论、整体论的学者，老子始终把宇宙看成互相联系、互相制约、互相影响、互相作用的整体（这个整体又分成各个层次，天—地—人），一贯强调“人法地、地法天、天法道、道法自然”，要求我们人类与大自然和谐一致，不能因人类的盲目行为而破坏自然的生态平衡。另一方面，老子强调“四大”，即“道大、天大、地大、人亦大，域中有四大，而人居其一焉”，强调以人为本，强调人文文化的本位，强调人与自然和谐相处，高扬人这一主体在宇宙中的地位，这是何等伟大的洞见！

如果我们环顾近三百年来全球工业化的浪潮会发现，今人所走的其实是一条以牺牲环境为代价的“黑色文明”之路。人类所享受到的“先进”科技所带来的效益，远远抵不上地球环境所遭受的损失，尤其是近一二百年来“科技”的畸形发展，岂止是“揠苗助长”，简直已到“竭泽而渔”的地步。基于这种现实语境，不少西方的有识之士将目光投向老子哲学，汲取其思想养料，殊非偶然。事实上，老子所揭示的“道法自然”“玄德”

（“生而不有，为而不恃，长而不宰”）等伟大理念，以及在此统驭下的“无为”“无事”“不言”“希言”“贵言”思想，与当代系统观、整体观是完全一致的，蕴含着今人的环保意识和可持续发展的可贵思想。此外，老子哲学之于治国利民、之于反战维和、之于现代企业管理、之于生命科学，皆具有极其重要的指导意义。

在此，需要着重指出的是，如果把“无为”理解为“自由放任”“不干预”“不作为”，皆大悖老子原意。在老子的语境里，所谓“无为”并非“不为”，而是要顺天循道地去“为”，最终达到“无不为”。

总之，作为轴心时代华夏文明的首位圣哲，老子所释放的智慧光芒辉耀在《道德经》的字里行间，“途无远而不弥，理无微而弗纶”，它已然成为中华民族乃至全人类世世代代用之不竭的无尽宝藏。我们必须拥有充分的民族文化自信，用足“自家宝藏”的巨大能量，使“道”成为全民族的共同信仰和追求，为人类文明的发展作出更大贡献。

下 篇

凡例

第一，古书在今，多非完帙，《道德经》尤然。本书所采用的“底本”并非稀见的善本、古本，而是以八十一章标目的通行本。考虑到通行本毕竟“通行”了两千多年，影响甚深，故在形式上一仍其旧，并未采用帛书“德篇、道篇”的结构，尽量不给读者太过学术化的感觉。

第二，本书在校注中，力求博采诸家，相互参印。既注重竹简本、帛书本，亦不薄王弼本及其他世传本与善本，取舍的唯一标准就是着眼于老子的道学系统，《道德经》的内在逻辑、行文风格、修辞特点、韵律以及上下文关系等因素，“择其当而从之”。凡所征引采择，必举来处。

第三，历代对《道德经》的校勘、训诂、考释与注解，可谓汗牛充栋。有鉴乎此，本书尽量不做“重复性”的工作，而是在前人校勘、注释的基础上，通过必要的学术手段，力求接近宏深奥衍的《道德经》的本真面貌。至于历代注家对《道德经》所作的各种评注，除确有必要外，一般不做过多的引证。

第四，本书重在注释《道德经》中容易产生重大歧义的文本内容，不作烦琐的训诂考辨或语义溯源。为使注文更接近老子的本意，本书着重校勘《道德经》在流传过程中所出现的误抄、误注、错简误植等常见的导致文脉断续、语序错乱、语义含混的情况，凡有所见，必随文举出。

第五，本书的“今译”，亦一本严复所提出的“信、达、雅”之翻译原则，力求传达出老子原作的意蕴风神与浑括高古的行文风格。大凡翻译，难免会羼入译者的解释或阐发，古文今译、中外文互译皆然。从篇幅上看，译文的字数往往比原文多出四分之一到三分之一。本书力求采取“直译”之法，简约畅达，尽量不在译文中作主观性的添加、改动或发挥，在“信、达”的基础上，尽力使译作“雅”化，饶有文采。

第六，本书之“解说”部分，乃作者心力所聚，意在提供一种对老子学说的独到理解与当代阐释。因兹事关乎“立言”，故力求杼轴予怀，自出新裁。绳愆纠谬，是望通人。

第一章

道可道，非恒道[①]。名可名，非恒名[②]。无，名天地之始；有，名万物之母[③]。故恒无，欲以观其妙；恒有，欲以观其徼[④]。此两者同，出而异名[⑤]，同谓之玄。玄之又玄[⑥]，众妙之门。

【注释】

① 〔道可道，非恒道〕恒：世传本均因汉代避孝文帝刘恒之讳而改作“常”，但“恒”与“常”在语义上还是有着明显差异的，故从竹简本、帛书本。

开首两句，通常被注家理解为“可以说出来的道，就不是常道”，强调道的不可言说性。但如此翻译，等于一开始就剥夺了老子言说恒道的可能性和可靠性。其实“恒”字在《老子》中多为“恒久不变”之意。而“非恒道”，则意谓老子在此所论的“道”，绝非一般的道，是指宇宙的本源，故曰“非恒道”。在发论前，老子就赋予“道”以形而上的质性。

② 〔名可名，非恒名〕第一个“名”，指名相；第二个“名”是动词，意为标志、称谓。

③ 〔无，名天地之始；有，名万物之母〕“始”与“母”在此都是根源的意思。“无”是天地的源始，“有”是万物的源始。唯有从无、有断句才与老子的原意相合。倘若从“无名、有名”处断句，则是指天地万物的无名、有名，显然偷换了主体概念。若强为圆说，将此句解释为指道的无名或有名，则荒悖更甚。

④ 〔故恒无，欲以观其妙；恒有，欲以观其徼〕徼：边界、边际，此处亦可作“究竟”解。至于“恒无”“恒有”与形上、形下两相对应。如此断句，方能义理圆融，文势畅达，且与下文的“此两者同，出而异名”产生内在的呼应。

需要指出的是，有不少学者将此句断为“故常无欲，以观其妙；常有欲，以观其徼”。此种断法，足征于老子之道论茫乎不晓，断章取义。就主旨而论，此章只是从宏观上论述道与天地万物的生成及有无概念，而“欲”的有无，既非此章的论旨所在，又与下文的“同谓之玄”扯不上半点关系，同时还会使人对“此两者同”产生歧义，故绝不可从。

⑤ 〔此两者同，出而异名〕“两者”，指“无”“有”。“无”指

道的本体，“有”指道的作用。此两者并观，皆出于道，故曰“同”。然而道体虚无，化生出天地万有，而有不能生有，必因无以生有，无不自无，因有以显无，此乃有无相生，二者异名，故曰“出而异名”。

⑥〔玄之又玄〕指精微玄妙至极。按，道体虚无，不唯绝去有无之名，且离玄妙之相，故曰“玄之又玄”。

【今译】

道如果可以用明晰的语言解说清楚，就不是恒久不变的道。一般的命名可以用来标志、指称事物，但不能用以标志道的恒名。把“恒”命名为“无”，指的是道的本体，即天地初分时的混沌形状；把“恒”命名为“有”，指的是道创生万物的作用。故而要从“恒无”中体悟道的奥妙，从“恒有”中体察道的端倪。“无”与“有”两者同出于“道”这一本体，而名称各异。这二者都可以称为玄奥。玄奥而又玄奥，这就是宇宙万物所从出的本源——“道”。

【解说】

本章从“体”“用”两个方面阐发“道”。老子首先提醒人们不要执着于语言与名相。他将宇宙的本体视作“无”，由“无”化生天地万物；又将“无”“有”推至宇宙的本源——道。“故恒无，欲以观其妙；恒有，欲以观其徼”，此处的两个“观”字，尤当措意。所谓观“无”，因“无”创生造化万有；观“有”，因“有”实乃万物源始。修道之人，所遇无往而非道。故庄子曰：道在稊稗，道在屎溺。可谓真能知解老子者。

“此两者同，出而异名”，这两句与以往常见的断法“此两者，同出而异名”亦有所不同。如此断句，旨在强调宜将出于同一本体而名称不同的“无”“有”两者并观，因其皆出于道，故曰“同”。道体虚无，化生天地万有，然而有不能生有，必因无以生有；无不自无，必因有以显无，这两个概念相依相对而生，故曰“出而异名”。至于章末的“玄之又玄，众妙之门”八字，实乃体道之门径；也就是说，若想进入“道”的妙门，必须从“玄之又玄”的“此两者同”而入，切莫被它的“出而异名”所迷惑。如是，方能了解宇宙万物所从出的本源——“道”。

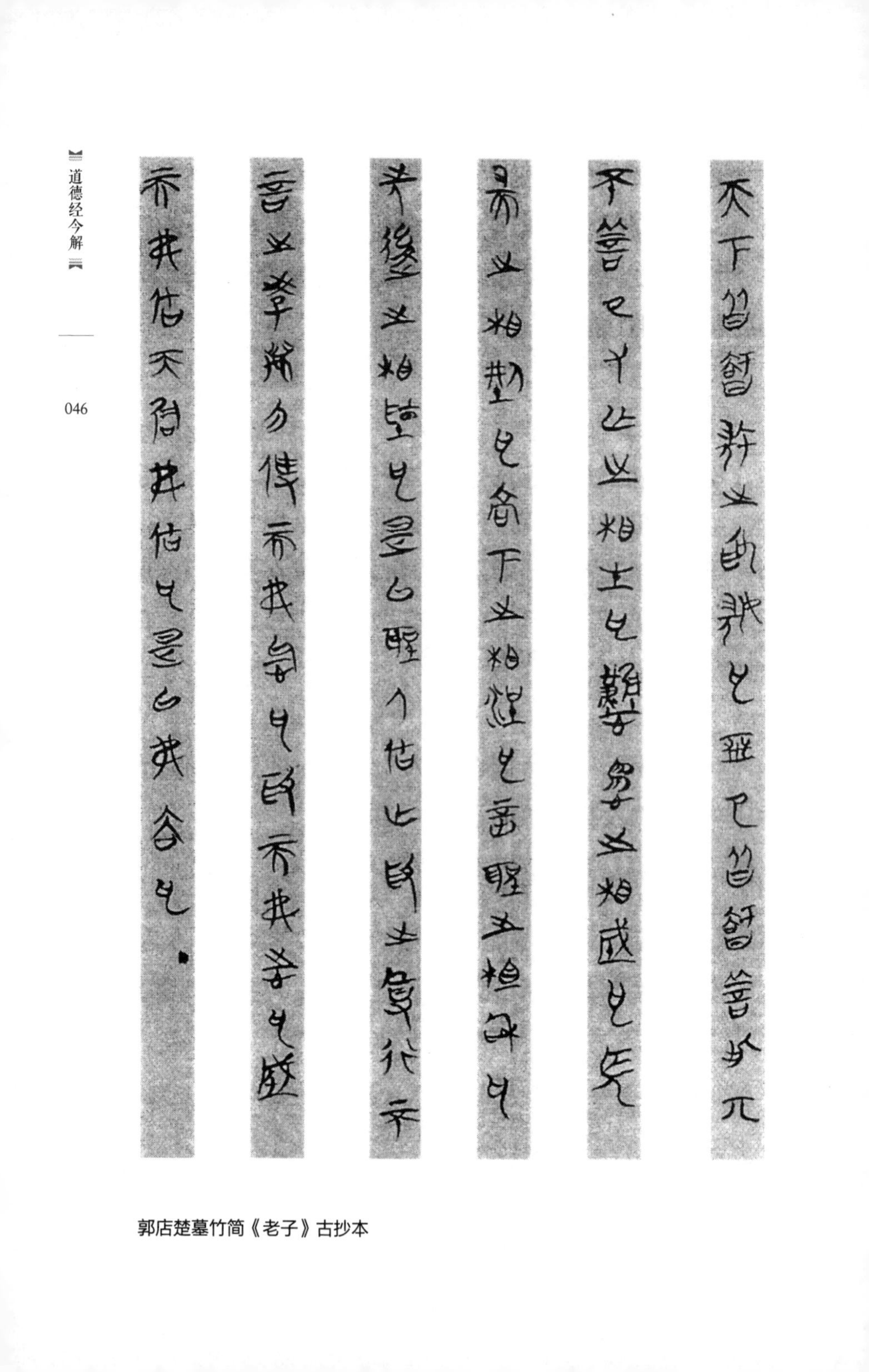

郭店楚墓竹简《老子》古抄本

第二章

天下皆知美之为美，恶已；皆知善，此其不善已[①]。有无相生，难易相成，长短相形，高下相倾[②]，音声相和[③]，前后相随[④]。故贵以贱为本，高以下为基。是以侯王自称孤、寡、不谷。此非以贱为本邪？非乎？故至誉无誉[⑤]。不欲琭琭如玉，珞珞如石[⑥]。人之所恶，唯孤、寡、不谷，而王公以为称。故物或损之而益，或益之而损。人之所教，我亦教人。强良者不得其死。吾将以为教父[⑦]。是以圣人处无为之事，行不言之教；万物作而弗始也[⑧]，为而弗恃也，成而弗居，夫唯弗居也，是以弗去也。

【注释】

① 〔天下皆知美之为美，恶已。皆知善，此其不善已〕帛书甲、乙本都为："天下皆知美之为美，恶已；皆知善，斯不善矣。"王弼本则有明显改动："天下皆知美之为美，斯恶已，皆知善之为善，斯不善已。"此从郭店竹简本。"恶"在本章中，与"美"对举，略近今之"丑"义。

② 〔高下相倾〕帛书甲、乙本为"相盈"，王弼本为"相倾"，通行本亦作"倾"，因避汉惠帝刘盈讳改，此从王弼本。

③ 〔音声相和〕音声：汉代郑玄为《礼记·乐记》注曰："宫商角徵羽，杂比曰音，单出曰声。"意谓配乐合奏出的乐音叫作"音"，单一发出的音响叫作"声"。贾谊《新书·六术》曰："是故五声宫、商、角、徵、羽，唱和相应而调和，调和而成理谓之音。"冯达甫注《乐记》云："声成文谓之音。"所谓"杂比""调和""成文"，即指按照"音"的清浊、大小、迟速、高下、刚柔、疾徐的规律组合而成的"音"的组织节奏，相比之下，"声"则是单调、无节奏的——似可在此具体历史语境下理解老子所讲的"音声相和"。

④ 〔前后相随〕这六句皆关乎修道的方法与层次，详见"解说"部分。

⑤ 〔至誉无誉〕王弼本作"致数舆无舆"，误矣。《庄子·至乐篇》中亦有"至誉无誉"之词，显系引自老子。又，范应元、傅奕、吕惠卿、吴澄诸本皆作"至誉无誉"，故据此校定。

⑥ 〔故贵以贱为本，高以下为基。是以侯王自称孤、寡、不谷。

此非以贱为本邪？非乎？故至誉无誉。不欲琭琭如玉，珞珞如石〕此段原在第三十九章末，显系错简所致，故作此调整。

⑦〔人之所恶，唯孤、寡、不谷，而王公以为称。故物或损之而益，或益之而损。人之所教，我亦教人。强良者不得其死。吾将以为教父〕王弼本中此段原在第四十二章“冲气以为和”之后，虑以上下文缺乏逻辑关联，义尤不类，故移至此，于文气方为合顺。“强良”出自帛书甲本，王弼本作“强梁”，即强盗之别称。不少学者以为“良”与“梁”相通，实则不然。揆诸上文所论不出益名而损实之旨，故此处“强良”句可解作“极力沽名（即用鄙劣手段谋取名誉）者不得善终”，于义方安。故从帛书本。教父：父，《说文》解：“父，矩也，家长率教者，从又（右手）举杖。”此处可释作“戒具”。

⑧〔万物作而弗始也〕此经文出自郭店楚墓竹简本。按，王弼本“始”作“辞”。从文义上看，“万物作而弗始也”，有顺应自然的节律运行而不强为先之意，似较“辞”更合乎老子本意。

【今译】

当天下人都知道什么是美的时候，丑已经很普遍了；当天下人都知道什么是善的时候，恶已经很普遍了。所以说有和无相互依存，难和易相互促成，长和短互为比较，高和下互为方向，声和音互为和谐，前与后相互伴随。故高贵以低贱作为根本，高以下为基础。因此，侯王往往自称“孤家”“寡人”“不谷”。这正是以贱为根本，难道不是这样吗？因此，一味追求荣誉反而得不到荣誉。不应将美玉的华丽、坚硬显露出来而遭到采掘，应当像石头一样质朴无华，任凭他人忽视。人们所讨厌的就是“孤、寡、不谷”，而侯王却以此自称。所以，事物会因减损而得到增益，或会因增益而受到减损。他人的教训，我将引以为鉴。极力沽名的人，欲益反损，不得善终，我将以此作为警示世人的戒具。圣人一向以“无为”的原则处理事务，施行“无言”的教化。顺应万物运作而不强为其先，施惠万物而不自恃有恩，成就万物而不自居其功。正因为不居功，其功德能够垂诸不朽。

【解说】

对于开首两句，通常的解释是：当天下人都知道什么是美的时候，丑就产生了；当天下人都知道什么是善的时候，恶就产生了。但这未必就是老子的本意。如果我们深入老子所身处的历史语境，通观老子的相关表述，这句话似应理解为：当天下人都知道什么是美的时候，丑已经很普遍了；当天下人都知道什么是善的时候，恶已经很普遍了。

在老子看来，一切有为法，都是相对的。“美之为美”正因为有“丑”与之相对。接下来，老子又胪举出有无、难易、长短、高下等一系列相生相对的概念，这关乎修道的方法与层次，绝非闲笔浮墨。如“高下相倾”，在此应当理解为道教的一种修炼方法。具言之，是心火往上、肾火向下的呼吸法。呼吸之间，气随之上下。督脉向上，任脉下行，故云“高下相倾”。又，“音声相和”，同样是一种修道的境界，当内在的有节律的心“声”

与来自外部的杂“音”浑然一体，便进入一种“恍兮惚兮”的道家境界。总之，自“有无”开始的一系列排比句，与修道的方法与层次相关，意在教人破除执着，扫除分别心，与大化为一。

至若侯王以“孤、寡、不谷”自称，正欲人君忘其高贵之名，从而知至贵与至贱、至高与至卑，实则本为一体，道之在物本无贵贱高下之分，故能体道凝神，知其无用为用也。切不可执贵高之名，而取颠蹶之患。若能“不欲琭琭如玉，珞珞如石”，忘乎贵贱之分，则人人皆可为用，岂非无用之为大用也。末言“强良”，反应用“弱”，隐示唯有“守柔”方能得生。故当日损其欲，谦虚自守，以全冲和之德。侯王之所以以孤、寡、不谷自称，实亦以柔弱为天下之利器，故侯王不自损，则天下不归。老氏运思幽远深邃，而文字之简括，意涵之丰赡，在先秦诸子中，罕有其俦。

第三章

不上贤[①]，使民[②]不争；不贵难得之货，使民不为盗；不见[③]可欲，使民心不乱。是以圣人之治也，虚其心，实其腹，弱其志，强其骨。恒使民无知无欲也。使夫智者不敢为也，为无为，则无不治。

【注释】

① 〔不上贤〕上：此处有“标榜”之意。王弼本等世传本皆作“不尚贤”，兹从帛书本。

② 〔民〕其他文本作“人”。据刘师培等学人考证，实因唐代为避李世民讳而被更改或删除。帛书本此等处皆为“民”，故据以校定。

③〔见〕外现。

【今译】

倘若不标榜贤能，世人便不会争名逐利；不贪恋珍奇财宝的稀有价值，不大肆搜刮聚敛，世人就不会铤而走险，沦为盗匪。不显现邪情私欲，无所嗜好，世人的心绪也就归于平宁。以故，圣人治理国家，掌管万民，必须从自身做起，使其清心寡欲，腹饱体健，心志虚空，筋骨强劲，这样就能使民无欲无求。如果圣人能够遵从顺其自然的无为之道，不必事必躬亲，定然能够治理好国家。

【解说】

本章中的几个“其”字，皆为对君主而言；在老子看来，为政者凭借权势，最易攫取财富，满足私欲，故尤须以修身自律为务，庶可以德治国。但随着专制君权的日益强化，《老子》的原文在世传本的流衍中大大走样，且被蒙上“愚民”之名，可谓厚诬古贤。

若能结合第四十章的“反者道之动，弱者道之用”，相互参印，则更能深刻理解老子的上述洞见。嵇康《释私论》云“矜尚不存乎心，故能越名教而任自然；情不系于所欲，故能审贵贱而通物情”，洵为解老之言。

第四章

道冲[①]而用之，有弗盈也。渊兮，似万物之宗[②]。湛[③]兮似或存。吾不知其谁之子也，象帝之先[④]。

【注释】

① 〔冲〕古本亦作“沖”，训“虚”，与”盈“相对；傅奕本作“盅”。《说文》：“盅，器虚也。从皿，中声。《老子》曰：‘道盅而用之。’”

② 〔渊兮，似万物之宗〕渊：深潭。似万物之宗：使万物都来朝宗。王弼本、帛书本在此句有“挫其锐，解其纷，和其光，同其尘”四句，从上下文看，前后了不相干，读来蹇涩突兀，而此四句复见于第五十六章，此处显系竹简误

植，故删削之。

③〔湛〕深沉意。

④〔象帝之先〕高亨注："象帝之先，犹言似天帝之祖也。"

【今译】

道体虚空无形，作用却无穷尽。道体深邃莫测，好像万物的宗主。它隐没无形，却化生万物，真实不虚。我不知道它究竟是从哪里产生的，它应该先于天帝。

【解说】

道有无穷妙用，变化无方，而其体却湛然不动，虽化生而无迹。此章极赞道体为用之妙。其妙如此，却不知其所从来，故以天帝之祖名之。

第五章

天地不仁，以万物为刍狗①；圣人不仁，以百姓为刍狗。天地之间，其犹橐籥②乎？虚而不屈，动而愈出。多闻数穷，不若守于中③。

【注释】

①〔刍狗〕用草扎成的牺牲（即为祭祀而宰杀的牲畜）的替代品。《淮南子·齐俗训》："譬若刍狗土龙之始成，文以青黄，绢以绮绣，缠以朱丝，尸祝袀袨，大夫端冕，以送迎之；及其已用之后，则壤土草蓟而已，夫有孰贵之？"刘师培注："刍狗者，古代祭祀所用之物也……以刍狗为求福之用。盖束刍为狗，与刍灵同，乃始用终弃之物也。"按，作为献祭

之物，即使是“文以青黄，绢以绮绣”，在受祭者（天地）看来，与平民所献并无二致。故老子取“刍狗”为喻，主要是强调受祭者对此一视同仁。

② 〔橐籥〕冶铸所以吹风炽火之器也。“橐”象太虚，包含周遍之体；“籥”象元气，氤氲流行之用。高明注：“老子谓天地如同橐籥，体内本空虚无物，则愈动而风愈出，乃自然使之；谓天地本亦自然而成，无私无爱，虚静无为，故以为喻。”此真“以老解老”之言。

③ 〔多闻数穷，不若守于中〕帛书甲、乙本都为“多闻数穷，不若守于中”。王弼本为“多言数穷，不如守中”。此取帛书本。

【今译】

天地是大公无私的，无所偏爱，将万物一视同仁地看作用草扎的祭狗。圣人也同样如此，将百姓一视同仁地看作用草扎的祭狗。其实，天地之间不正像个打铁时用来鼓火的风箱吗？它的内中空虚而不会塌陷，越拉动就越生风。与其多方打听，事必躬亲地屡屡穷究事由，还不如持守中道，清虚在躬。

【解说】

此章着力强调“无为”之益。“刍狗”者，以喻万物皆由幻作，实无自性。“不仁”者，以谓圣人无私之德，忘功而不自矜也。大道创发万物，纯任自然，圣人效法之，且无为少闻，力求“守中”，如是则万民必将爱戴，社会必能祥和。“守中”之“中”，蕴含公平、公正、沉静与超然诸义。一词而数义，此乃中国哲学特有的言语表达方式。

第六章

谷神[①]不死，是谓玄牝[②]。玄牝之门，是谓天地根。绵绵若存，用之不勤[③]。

【注释】

① 〔谷神〕即道，是万物产生的总根源。天地间有形的万物，都是"谷神"（生养之神）的产物。

② 〔玄牝〕雌性动物的生殖器官。此处象征深远的、看不见的化生万物的造物者。不少修道者将"玄牝"理解为"玄关"，认为宇宙间的能量将会从这个非常重要的入口，输入修道者的生命本体。

③ 〔勤〕《说文》："勤，劳也，从力，堇声。"本义是劳苦，后

引申为"次数多""不断地（劳作）"等义。按：不少注家将"勤"解作"为断""穷尽"，但如果结合本章的具体语境，宜作"执着"解，于义方安。

【今译】

有着水一般虚灵神奇的创生之力的生命潜能，永恒地存在于天地之间。这个玄妙的创生体可称为"玄牝"（母性始祖）。玄牝的产门，便是天地万物的本源。它幽微神妙，创发无穷，不依形而存，不恃力而行，如冥修者绵长的呼吸，既无止息也不执着。

【解说】

老子结合自身的冥修体验，在本章中着力阐发道的体用。道体是虚空的，至虚灵妙而不可测，亘古长存，故曰"不死"。它的本体涵盖一切。道用则是创生的，万物生生不已，故谓"玄牝之门"，谓"天地根"。作为一位冥修得道者，这种"玄牝"之于老子，是一种非内非外、无形无相的创化境界。这种境界，只有在破除执着、与天合一后才能获致。明乎此，我们便不难理解在《道德经》中何以会出现多处诸如"恍兮惚兮""窈兮冥兮"的表述。

"绵绵若存"所描述的显然是修道者所特有的一种呼吸法，意谓这种呼吸既绵且长，细如游丝，若有若无。据说通过这种长期的呼吸训练，人会渐次进入胎息的状态。"用之不勤"，勤，此处有"执着"之意；冥修者是借呼吸法悟道，故不能过于执着。

第七章

天长地久[①]。天地所以能长且久者，以其不自生，故能长生。是以圣人后其身而身先，外其身而身存[②]。非以其无私邪？故能成其私[③]。

【注释】

① 〔天长地久〕河上公注："天地所以独长且久者，以其安静，施不求报，不如人居处汲汲求自饶之利，夺人以自与也。"王弼注："自生则与物争，不自生则物归也。"

② 〔是以圣人后其身而身先，外其身而身存〕所谓"后其身""外其身"，皆为谦让不争的具体表现，质言之，端在无私。此章共出现四个"身"字，除"身先"之"身"指众人

外，其余皆指圣人自己。河上公注："先人而后己也。天下敬之，先以为长。薄己而厚人也，百姓爱之如父母，神明祐若赤子，故身常存。"

③〔非以其无私邪？故能成其私〕王弼注："无私者无为于身也，身先身存，故曰能成其私也。"按，此处的"无私"，即指上文所谓"后其身""外其身"；而"成其私"则系指上文的"身先""身存"。"无私"而能"成其私"，此正圣人效法天地不自生而能长生之"上德"所致——如是作解，或无悖"以老解老"之正法也。

【今译】

天地是永恒而无穷的；之所以如此，是因为其无私的缘故。它们生长万物，并不自贪自益其生，而只是为了普惠、饶益万物，所以能长生。圣人最明白这个道理，故谦退居后，结果反而领先；不计较个人得失，将自己的性命视同外物，结果反而幸存。正是由于他们无私，反而能够成就个人的事业。

【解说】

本章强调"无私"之益（略似于孔子的"毋我"）。老子力主圣人应当师法不自生故能长生的天地。在此基础上，老子又向"圣人"提出"后其身""外其身"的最高要求，最终达至以无私成其私的圣境。

第八章

上善治水。水善利万物而有静[①]。居众之所恶，故几[②]于道矣。居善地，心善渊[③]，与善仁，言善信，政善治，事善能，动善时。夫唯不静，故无尤[④]。

【注释】

①〔上善治水。水善利万物而有静〕此句从帛书甲本，与王弼本、帛书乙本“上善若水。水善利万物而不争”有异。

②〔几〕接近。

③〔渊〕深沉，沉静。

④〔尤〕在甲骨文中，其字形从“又（指手）”，上加一短横，是

“疣”的初文，指人体中多余的、不正常的部分，故引申为过失、过错。后又引申为突出、异常。老子在此即取此义。

【今译】

最善治水的人，能够使水滋润万物、普惠万物又能使其保持静态，甘愿处在众人所厌恶的低洼卑下的地方。正是由于水具备以上这三种特点，所以它最接近“道”。水甘居卑处，渊深清明、虚静沉默、普惠万物，皆如有德之人。水映照万物，各现其形，真实不虚，也颇似诚信的圣人。水滋养万物、清除污垢而有绩效；水性柔弱，能方能圆；行动时也能把握时机，这都与得道之人相似。倘若不能顺天而为，保持静境，便不会取得突出的成就。

【解说】

本章专论水之道、德。首句王弼本等世传本皆作“上善若水。水善利万物而不争”。“不争”二字，似大悖水之质性——水固有“静”态，然非常态，实乃“治”之结果；“动”才是水的自然常态。老子在此胪列了“水”的各种“善”性，须加措意者，此处的“上善”，所喻者乃圣人实行的政治，即所谓“无为而治”。为政既要“善利万物”，又需“静”，此处的“静”并非“静止”“安静”之意，而是顺势而动的结果。倘若一味求“动”，亟欲“有为”，而不能顺天而为，保持“静”境，焉能“几于道”？

第九章

持而盈[①]之，不如其已[②]；揣而锐之[③]，不可长葆。金玉满堂，莫之能守[④]；富贵而骄，自遗其咎[⑤]。功遂身退，天之道也[⑥]。

【注释】

① 〔盈〕满。

② 〔已〕止。

③ 〔揣而锐之〕揣：此处可作“把”字解。锐：王弼本作“税”，河上公本和其他古本都作“锐”，但王弼本注“锐之令利”，可见王弼本古本原作“锐”，又注：“揣末令尖，又

锐之令利，势必摧衄，故不可长保也。”

④〔金玉满堂，莫之能守〕河上公注：“嗜欲伤神，财多累身。”

⑤〔富贵而骄，自遗其咎〕河上公注：“夫富贵娽贫，贵当怜贱，而反骄恣，必被祸患。”王弼注：“不可长保也。”

⑥〔功遂身退，天之道也〕此从帛书乙本。按，此处之“身退”，并非指退隐林泉，而是指但欲其功成而不据为己有，以符契天道。河上公注：“言人所为，功成事立，名迹称遂，不退身避位，则遇于害，此乃天之常道也。譬如日中则移，月满则亏，物盛则衰，乐极则哀。”《文子·上德》篇：“狡兔得而猎犬烹，高鸟尽而良弓藏，名成功遂身退，天道然也。”

【今译】

执持以求盈满，不如适时停止。铁器锻打出锋利的刃，其锐势却难保长久。金玉堆满居室，无人能够守藏。富贵而致骄横，自招灾祸。必须懂得谦虚退让、韬光养晦的道理，功成后全身而退，这是符合自然之道的。

【解说】

本章极言住相之害、“戒贪”之益。末法凡流，若一味住相，终成自碍，与法性相违，与大道相悖。执是以衡，为政者自当谦虚退让，破执解缚，功成不居，方合天道。在《易经》中，唯有谦卦，六爻无一不佳，宜乎慎思。由于语境悬隔，如今我们诵读“金玉满堂，莫之能守；富贵而骄，自遗其咎”等句时，极易因其颇似哲理诗而误生老氏之五千言，大多是由一些吉光片羽的格言组合而成的印象。其实，老子的思想是一个严整的体系，本章所论，乃其一贯强调的“天之道”，而“人之道”则难免会“自遗其咎”。因此，必须反其道（人之道）而行之，此即“反之者，道之动也”。至于“金玉”，未必便如今人认定的必为不法所得，“富贵”也未必存有贬义，故在读解时必须进行必要的历史语境还原。

第十章

载营魄抱一[①]，能无离乎？抟[②]气致柔，能婴儿乎？涤除玄监，能无疵乎[③]？天门启阖，能为雌乎[④]？明白四达，能无知乎？爱国治民，能无为乎[⑤]？

【注释】

① 〔载营魄抱一〕载：语气助词。营魄：即魂魄。抱一：抱，守持；一，即掌握万物归一的“道”。

② 〔抟〕揉捏、集聚。

③ 〔涤除玄监，能无疵乎〕玄：水。监：镜子。按，古人五方配五行，北方属水；五方配五色，北方属玄。此句意谓冥修

者能时时照镜子，以去掉疵点吗？

④〔天门启阖，能为雌乎〕王弼本作："天门开阖，能无雌乎？"沈善增认为，"为雌"即"天下之交也牝恒以静胜牡"义，故"天门启阖"，应作类似"天下之交"理解。是以动物的交媾为喻，来比人际关系。"为雌"就是"处下"与"守静"。

⑤〔能无为乎〕王弼本、帛书本在此句后还有"生之蓄之。生而不有，为而不恃，长而不宰。是谓玄德"一段。此段复见于第五十一章，当属衍文，疑为错简所致，故删之。

【今译】

能使肉体、精魄合一，紧守大道而不分离吗？能使精气结聚而又呈现柔弱之状，像婴儿一样吗？能一直清洗镜尘，加以自照，以去掉瑕疵吗？天门一开一合，能像雌性动物那样守静处下吗？心中明白通达，时有灵感奔注，能够冥契自然不囿知见，崇尚无为吗？爱民治国，能不用一点智巧，无为而治吗？

【解说】

老子是一位内功高深的冥修者。本章前五句实乃老子本人对冥修之窍要的自述，末句则是冥修后参悟为政之道的结果。《道德经》中的不少"玄言"皆为老子冥修内观入静后所悟得。对此，历代注家几乎鲜有着墨者，而多从所谓政治哲学着眼，终嫌皮相。

第十一章

三十辐，共一毂[①]，当其无，有车之用。埏埴以为器[②]，当其无，有器之用。凿户牖[③]以为室，当其无，有室之用。故有之以为利，无之以为用[④]。

【注释】

① 〔三十辐，共一毂〕辐：车轮中连接车轴和轮圈的木条。古时候的车轮由三十根辐条构成，取法于一个月是三十天。毂：车轮的中心部位，周围与辐条的一端相接，中间的圆孔用来插车轴。

② 〔埏埴以为器〕埏：揉和。埴：黏土。此谓和土以为饮食之器，因器中空虚，故可盛受物品。

③〔户牖〕门窗。

④〔故有之以为利，无之以为用〕王弼注："木、埴、壁所以成三者而皆以无为用也，言无者有之所以为利，皆赖无以为用也。"

【今译】

车轮上的三十根辐条都支在一个车毂的周围，由于车毂中间有穿轴的空洞（空无），才能承受三十根辐条，使轴随着轮子转动。揉抟黏土做器具时，只有器具中间空虚，才能产生盛物的作用。开凿门窗，使得房屋中间空虚，才能产生居住的用途。因此，所谓"有"（实体）之所以能够给人们提供便利，正是由于"无"（空虚）发挥了其无所不在的巨大功用。

【解说】

由于道体虚无，才会有无穷妙用。为阐明"有之以为利，无之以为用"的关系，老子在本章拈举了三个生活实例，将利、用分言，有、无对举，借此将上述命题提升到哲学的高度。

在老子的视域里，其实并不存在绝对的"无"，故王弼曰："圣人体无，无又不可以训，故不说也。"此真深解老氏之言。从哲学的视角看，并不存在真正的"无用"；表面的"无用"，实际上更接近本体。现代人所缺失的，往往就是这种"无用"的智慧，拼命地追求所谓"有"，殊不知"有"只是一种欲望，且永无止境。如果不给自己留下一点从容、逍遥、自由的空间，必将使人生充满了物累、疲惫、焦虑和痛苦。膏肓之疾，不可为也。

第十二章

五色[①]令人目盲；五音[②]令人耳聋；五味[③]令人口爽；驰骋畋猎，令人心发狂；难得之货，令人行妨[④]。是以圣人为腹不为目[⑤]，故去彼取此。

【注释】

① 〔五色〕即赤、青、黄、白、黑。

② 〔五音〕即宫、商、角、徵、羽。

③ 〔五味〕即酸、苦、甜、辣、咸。按，王弼注："爽，差失也，失口之用，故谓之爽，夫耳、目、口、心皆顺其性也，不以顺性命反以伤自然，故曰盲、聋、爽、狂也。"

④〔难得之货，令人行妨〕难得之货：指金银珠玉一类珍贵之物。令人行妨：意谓过分贪恋珍贵之物，不知餍足，必致行为反常。

⑤〔是以圣人为腹不为目〕腹：在此代指天性。目：在此代指物欲。王弼注："为腹者以物养己，为目者以物役己，故圣人不为目也。"

【今译】

长期过分地追求五光十色的视觉刺激，会使人眼花缭乱甚至失明；过分地追求乐声享受，会导致听觉迟钝甚至耳聋；过分地追求浓重的美味，会使人味蕾受损乃至麻木；驰骋郊外纵马打猎，会使人心放荡发狂；耽迷于稀有的奇珍异宝，会使人的行为反常，德行败坏。因此圣人善养浩然之气以充实胸襟，绝不沉溺于官能享受，他们宁取俭朴纯净，而不贪求奢华。

【解说】

人心本自虚明，而外之声色、饮食、货利之害，致目失其正见，耳失其正闻，舌失其正味，心失其正定，行失其正轨。有鉴乎此，冥修内观功夫精深的老子，遂分别用盲、聋、爽、狂、妨以状那些奢靡无度、丧真失本者，并告诫世人根尘本不相入，若使识性流失，必致惑乱。苦修离欲之行，自当"为腹不为目"。若想成大器有大作为，就必须具有静力、定力，真积力久方可大成。对此，我们不妨观察、对比一下，时下的不少明星，他们身上那些耀眼的光环，几乎都来自人为的经营与炒作，由于他们太过浮躁，太爱热闹，故虽能红极一时，但旋即被人遗忘。庄子谓“不以人灭天”，苏辙谓“不以物伤性”，范仲淹谓“不以物喜，不以己悲”，禅家谓“外不着相，内不动心”，皆言人不能被外相、物欲所牵缠，如是方能进入道境。此即老子所谓“去彼取此”之意，若无视于此，为害至巨矣！

第十三章

宠辱若惊[①]，贵大患若身[②]。何谓宠辱若惊？宠为下[③]，得之若惊，失之若惊，是谓宠辱若惊。何谓贵大患若身？吾所以有大患者，为吾有身[④]；及吾无身，吾有何患？故贵为身于为天下，若可以托天下矣；爱以身为天下，女可以寄天下矣[⑤]。

【注释】

① 〔宠辱若惊〕宠：本指宠爱，此处主要是指下对上过分地尊崇。辱：指失宠。此句意谓得宠与失宠都会感到惊恐。河上公注："身宠亦惊，身辱亦惊。贵，畏也。若，至也，畏大患至身，故皆惊。"

②〔贵大患若身〕贵：在此为动词，犹今所言“重视”“珍视”之义。焦竑云：“贵大患若身，当云：贵身若大患。”此言甚是。

③〔宠为下〕“宠辱若惊”者欲得“宠”，不得不扭曲自己的人格，故曰“宠为下”。

④〔吾所以有大患者，为吾有身〕司马光注：“有身斯有患也。然则既有此身，则当贵之爱之，循自然之理，以应事物，不纵情欲，俾之无患可也。”范应元注：“轻身而不修身，则自取危亡也。是以君子安而不忘危，存而不忘亡，故终身无患也。”

⑤〔故贵为身于为天下，若可以托天下矣；爱以身为天下，女可以寄天下矣〕此从帛书甲、乙本。高明在《帛书老子校注》中说：“今从帛本甲、乙本勘校，足征老子原本当上句作‘托’，下句作‘寄’，今本（王弼本）与之相反者，皆误。”若：古训“汝”。女：古通“汝”，犹言今人所谓“您”。

【今译】

世人由于名利心太重，所以不论是得宠还是失宠都会感到心惊意骇，畏惧大的祸患也会因之而心惊。为什么会如此呢？这是因为在世人看来，得到荣宠便感到惊喜，失宠便觉得恐慌，所以不管是得宠还是失宠，都会使内心惊恐不安。那么，人们为什么会恐惧大的祸患呢？是因为天地间有一个来自“我”的身心，我的生命一旦终止，我就再也没有什么忧虑了。所以，对于一个将生命修炼看得比任何功利的东西，甚至比治理天下都重要的人，就可以把天下交付给您；既爱惜个体生命又敢于牺牲自己而为众人奉献的，您就可以接受治理天下的重托。

【解说】

老子在此章中强调了执政者的“重身”原则，这正是治国理政的基本前提。在此，老子将道家的自我修炼（内圣）与治天下（外王）完美地统一了起来。至于“何谓贵大患若身？吾所以有大患者，为吾有身；及吾无身，吾有何患？”为一篇之关捩所在。老子毕竟是一位见道悟真的圣哲，在他看来，贵者，心怀矜尚；患者，意存忧恐。我执空则宠辱空，宠辱空故我执空。必须将自我修炼与他人的生命看得比任何功利的东西更珍贵——唯其如此，才能担负起治理天下的重任。

第十四章

视之而弗见，名之曰微[①]；听之而弗闻，名之曰希[②]；搏之而弗得，名之曰夷[③]。三者不可至计[④]，故混而为一。其上不皦，其下不昧[⑤]，绳绳[⑥]兮不可名也，复归于无物。是谓无状之状，无物之象；是谓惚恍[⑦]。随而不见其后，迎而不见其首[⑧]。执今之道，以御今之有[⑨]，以知古始，是谓道纪[⑩]。

【注释】

① 〔微〕实际上并非不存在，只是眼睛看不见的东西。

② 〔希〕希声，即辨不清音阶。

③〔夷〕指触觉不可及的东西。

④〔三者不可至计〕三者：指微、希、夷。至计：穷究。帛书甲、乙本均作“致计”。

⑤〔其上不皦，其下不昧〕帛书本此句前还有“一者”二字，似属赘笔，与老子简括高古的行文风格颇不符契，故不取。皦：明亮。昧：昏暗。

⑥〔绳绳〕指空茫虚无，动行无穷极也。一本作“寻寻”。

⑦〔惚恍〕有无显隐，莫可名状。王弼注：“欲言无邪（耶），而物由以成，欲言有邪（耶），而不见其形，故曰无状之状，无物之象也。不可得而定也。”严复注：“见首见尾，必有穷之物，道与宇宙，无穷者也，何由见之。”

⑧〔随而不见其后，迎而不见其首〕王弼本为“迎之不见其首，随之不见其后”，兹从帛书乙本“随而不见其后，迎而不见其首”。

⑨〔执今之道，以御今之有〕高明认为，帛书甲、乙本均作“执今之道”，而王弼本、今本则作“执古之道”，“今”“古”虽一字之差而意义迥然有别。王弼注：“无形无名者万物之宗也，虽今古不同，时移俗易，故莫不由乎此，以成其治者也，故可执古之道，以御今之有，上古虽远，其道存焉，故虽在今可以知古始也。”似亦持之有故。此从帛书本。（理由详见“解说”）

⑩〔以知古始，是谓道纪〕纪：《说文》作“丝别也”，后从

丝之端绪引申为事物的头绪、开端，又引申为要领、纲领。道纪：即天道恒常不变的纲纪。

【今译】

用力看而看不见的东西，叫作“微”；用心听而辨不清的东西，叫作“希”；仔细触摸却不觉有凹凸之感的东西，叫作“夷”。由于这三者无色、无声、无形，是混为一体的，它的上面不明亮，下面不暗昧，其神奇性真是万言难罄，只有让其回归到扬弃任何个体的本质实在，而这个本质实在是没有物体的状态。这种没有形状的形状，是扬弃了任何个体的物象，就叫作“恍惚”。你跟着它看不见它的尾部，迎着它看不见它的头部。凭着现今的行为要则，来驾驭现今所有的力量，并推知古代原始时期的状况，这便是大道的要领了。

【解说】

大道体虚，故谓“无状之状，无物之象”，是谓“惚恍”。所谓“夷”“希”“微”“不皦”“不昧”“绳绳兮不可名”，皆为老子进入冥修入静之境后对“道”的内观体悟。至于“无状之状，无物之象”的“惚恍”究竟为何物？人们恐怕只有在修道中求得内证，非概念化的语言所能尽解。总之，“惚恍”是一种得道后无执的智慧境界。道离见闻觉触之境，非意言分别之所能诠。

“执今之道，以御今之有”，王弼本“执今”为“执古”，虽一字之差，却与“祖述尧、舜，宪章文武”的儒家大异。所谓“执古之道，以御今之有”，似为大言；因时不返古，世必日新，执今御今，斯为可行。而由今返推至古，古亦未尝不可知，此之谓“道纪”，也就是大道恒常不变的纲纪。

第十五章

古之善为道者，微妙玄达，深不可志[①]。夫唯不可志，故强为之容。曰：与兮其若冬涉水[②]，犹[③]兮其若畏四邻，严兮其若客[④]，涣兮其若凌泽[⑤]，沌兮其若朴[⑥]，混兮其若浊，旷兮其若谷。澹兮其若海，飂兮若无止[⑦]。浊而静之徐清[⑧]，女以重之徐生[⑨]。葆此道不欲盈，夫唯不欲盈，是以能蔽而不成[⑩]。

【注释】

① 〔深不可志〕志：记录、描述，意为难以描述。王弼本作“深不可识”。此从帛书本。“识”字在古文中虽亦有“记述”之义，但历代注家大都将其译为“认识”“认知”“理解”，

执是以衡，宜乎依帛书本将“识”改为“志”——“道”唯其难以描述，故有“强为之容”之说。

② 〔与兮其若冬涉水〕王弼本作“豫焉若冬涉川”。与：通“豫”，懦怯意。

③ 〔犹〕迟疑。

④ 〔严兮其若客〕王弼本“严”作“俨”，义近；“客”作“容”，显为传抄之误。按，只有衣冠端正、仪容恭肃，才能“若客”，而“严”字才有着落。

⑤ 〔涣兮其若凌泽〕王弼本作“涣兮若冰之将释”。按王弼本，“涣”作“涣散”解，但全句文义放在本章语境中不通。依帛书，“涣”作“水盛貌”解，引申为“大”，与下文“沌”相对应。

⑥ 〔沌兮其若朴〕王弼本作“敦兮其若朴”。按，“沌”，“混沌”也，正与“涣”字相应，故当取“沌”。

⑦ 〔澹兮其若海，飂兮若无止〕澹：辽阔旷远意。飂：急风。此二句以“海”“风”为喻，极言冥修后那种无为无欲、恬静淡泊的自得之状。按，此二句原在第二十章中，但揆诸上下文，并无逻辑关联，纯属衍文，故移至此。

⑧ 〔浊而静之徐清〕王弼本作“孰能浊以静之徐清”，联系帛书下文“女以重之徐生”看，这种表述显然不妥，很可能经后世文人妄改。

⑨ 〔女以重之徐生〕王弼本作“孰能安以久动之徐生”。高明认

为“女”是“安”的通假，“重”是“动”的通假，故从之。

⑩〔蔽而不成〕王弼本作“故能蔽不新成”。蔽：遮蔽，此处意谓“衣能蔽体”。成：通“盛”，俞樾《诸子平议》：“成与盛通。”“蔽而不成”意谓“衣可蔽体就不奢求华服盛装”。

【今译】

古时候的得道之人，其微妙玄通，难以表述。正因如此，若要勉强加以形容，则其人谨慎，好像严冬过江；戒惧自律，从不妄为，好像害怕四邻窥视；恭敬严肃，如同赴宴做客；守道养德，清心去欲，如同将化之冰；质性纯朴，如未经雕琢的美玉；襟怀宽旷，如深山幽谷；混沌敦厚，善敛锋芒，好像混浊不清的水。谁能使混浊沉淀，渐渐变得清澈呢？谁能在安定虚静中，使内心生动起来徐徐复活呢？葆有大道的人，是不求盈满的。唯其如此，才能做到衣可蔽体就足够了，绝不奢求什么华服盛装。

【解说】

老子是一位内功极深的冥修者。他由此所获致的种种“微妙玄达，深不可志”的体验，非亲历者是难以理解的。在本章末，老子对他经过长期的冥修体验所达至的那种“不欲盈”的境界作了绝妙的描述，惜乎历代注家往往缺乏真实的冥修体验，故对本章的解释终嫌隔膜。由是予乃有慨焉。世人但知汩汩于嗜欲，贪得无厌，殊不知天道忌盈，盈则致危。唯有道者，则可常持不失，故此章以“蔽而不成”作结，辞约义深，境高旨远。

第十六章

致虚极，守静笃①。万物并作，吾以观其复②。夫物芸芸③，各复归其根。归根曰静，是谓复命。复命曰常，知常曰明。不知常，妄作，凶④。知常容，容乃公，公乃王，王乃天，天乃道，道乃久，没身不殆⑤。

【注释】

① 〔致虚极，守静笃〕意谓通过冥修内观，达至虚空宁静之境，不受任何外界物欲的干扰侵袭。

② 〔万物并作，吾以观其复〕复：循环往复。帛书甲、乙本都为“万物旁作，吾以观其复也”。河上公本为“万物并作，

吾以观其复”。王弼本为“万物并作，吾以观复”。现取河上公本。

③〔芸芸〕意谓纷繁复杂。

④〔复命曰常，知常曰明。不知常，妄作，凶〕王弼注：“常之为物，不偏不彰，无皦昧之状、温凉之象，故曰知常曰明也，唯此复，乃能包通万物，无所不容。失此以往，则邪入乎分，则物离其分，故曰不知常则妄作凶也。”

⑤〔知常容，容乃公，公乃王，王乃天，天乃道，道乃久，没身不殆〕高明注：“与天合德，得道之常，无殃无咎，何危之有。”最后一句“没身不殆”，是从前文“容”“公”“王”“天”“道”“久”六句生发出来的结语。

【今译】

进入虚明、清静之境，达至守静的笃定。万物都在运行，我从中体悟到从无到有，再由有到无的往复循环的回归理路。万物尽管变化纷纭，但最终还是会回归到本源。回归本源就叫作“虚静”，“虚静”就是复归根性，复归根性就叫作恒常法则，了悟这种恒常法则可称为明智。如果昧于此理而轻举妄动，必定会遇到凶险。认识这种恒常法则就能容纳万物，容纳万物就会廓然大公，廓然大公就可以为王治国，为王治国就能顺应天命，顺应天命就能合于大道，合于大道则长治久安。臻至此境，则终生不会再有危险。

【解说】

以往诸家对此章的解释，大都有悖老子的原意。如“致虚极，守静笃。万物并作，吾以观其复”两句，实际上是对冥修状态的一种描述。唯有进入“虚静”之状，无执、无欲、重空性，方能“观复”，彻悟“复归其根”（这个“根”即“天地根”，亦即“道”）之理，进而达至“知常”之境。

又，在老子的语境里，经常出现这个“常”字，它往往具有“恒常法则”之意，即所谓常轨也、规律也。往者、今者乃至来者皆如是，方可谓之“常”。故不知“常”，只能是“妄作凶”，必也知“常”方能“明、容、公、王”——亦谓苟能顺应大道，则天下无不治矣。

郭店楚墓竹简《老子》古抄本

第十七章

太上，下知有之①；其次，亲之誉之②。其次，畏之；其次，侮③之。信不足，安有不信④。犹兮，其贵言也⑤。成功遂事，而百姓谓我自然⑥。

【注释】

①〔太上，下知有之〕太上：指最贤明的执政者。下：指百姓。之：指贤明的执政者。

②〔其次，亲之誉之〕誉：通“豫”，原意为“欢乐”，此处有“欢迎”“赞美”之意。范应元注：“其次之君，渐不及古，仁义既彰，民虽亲爱而称美之，然朴自此散。”

③〔侮〕欺凌，欺压。

④〔信不足，安有不信〕安：连词，相当于“乃”“于是”。按，王弼本此句为“信不足焉，有不信焉”。此从帛书乙本。河上公注：“信不足于天下，下则应之以不信，而欺其君也。”

⑤〔犹兮，其贵言也〕犹：此处有谨慎之义。贵言：珍重其言，意谓不肯轻易出口，此处主要是就执政者发号施令而言，强调执政者发号施令时尤宜慎重。按，“犹”字，王弼本作“悠”，揆诸文义似欠通。帛书本、竹简本、河上公本皆作“犹”，故据此校定。

⑥〔成功遂事，而百姓谓我自然〕通行本作“功成事遂”，无“而”字，此从帛书甲、乙本。自然：郭象注曰“自然者，不为而自然者也”。

【今译】

最理想的执政者，谦下恤民，百姓只知道有个君王存在；次一等的，爱民以德，惠民以仁，人们都亲近他、欢迎他；再次一等的，对人民用政教加以治理，用刑法加以威吓，故人民都畏惧他；最末一等的，用权术愚弄人民，用诡计欺骗人民，所以人民都轻侮他。由于国君缺乏诚信，于是人民就不信服他。最理想的执政者，发号施令相当慎重。如是一来，当执政者信道力行，完成治国大业，而人民却并不晓得这是国君的功劳，反而认为本来就是如此。

【解说】

老子行文深闳杰异，仅用了不足二十字，便将中国的历史变略总括无遗："太上，下知有之"，指得道明君统治时期；"亲之誉之"，指国运昌隆时期；"畏之"，指朝纲不振，法令、刑法出现；"辱之"，指天下大乱，民众愤起。本章专论"贵言"，通过对统治层次（知有、亲、誉、畏、侮）的描述，表达出"道"的巨大影响力。老子在此所要强调的是，百姓的"畏、侮"往往是为政者"信不足"所致——正因为感到民众是与自己对立的异己力量，为政者才会去讨好、恐吓甚至欺压民众。正因为执政者出于某种主观愿望或想通过人为的手段强行得到某种结果，才会违背大道的规律而加速衰败。如果为政者循天依道，"无为"而治，那么，一切随顺自性，自然而然，此即《庄子·天地》篇所谓"若性之自为而民不知其所由然"。庄子此言，烛幽抉隐，大有裨于解老也。

第十八章

故[①]大道废，安[②]有仁义？六亲不和，安有孝慈？邦家昏乱[③]，安有正臣[④]？

【注释】

①〔故〕此字为王弼本、通行本所无，兹从楚简丙本加上。

②〔安〕此字为楚简本原有。

③〔邦家昏乱〕邦家：世传本此处作“国家”，竹简本、帛书甲本此处则为“邦家”。按，春秋时期常用“邦家”，逮至汉代，为避高祖刘邦之讳改“邦”为“国”，这正是此后世传本中多称“国家”的成因。此从竹简本、帛书甲本。

④〔正臣〕帛书乙本作“贞臣”，此从竹简本。

【今译】

由于大道废弃了，哪里还有仁、义？如果六亲不和，哪里还有慈父孝子？如果邦国昏乱，朝纲废弛，哪里还有正直的大臣？

【解说】

在楚简本中，第十七、十八章原为一章，文句也与通行本相异。两相参照，王弼本对楚简本的改动不小，如在本章中将楚简本的几个“安”字全删，又加了“慧智出，有大伪”一句，“正臣”被改成“忠臣”。如是一来，老子的原意就大大走样了。又，“安”字为楚简本原有，但如何作解，关乎全文的释读，究竟理解为“乃”还是“何”呢？从河上公的注文看（“大道之时，家有孝子，户有忠信，仁义不见也。大道废不用，恶逆生，乃有仁义可传道。”），似乎当作“乃”解，但笔者认为，还是应当解作“何”，这似乎更合乎老子的本意。

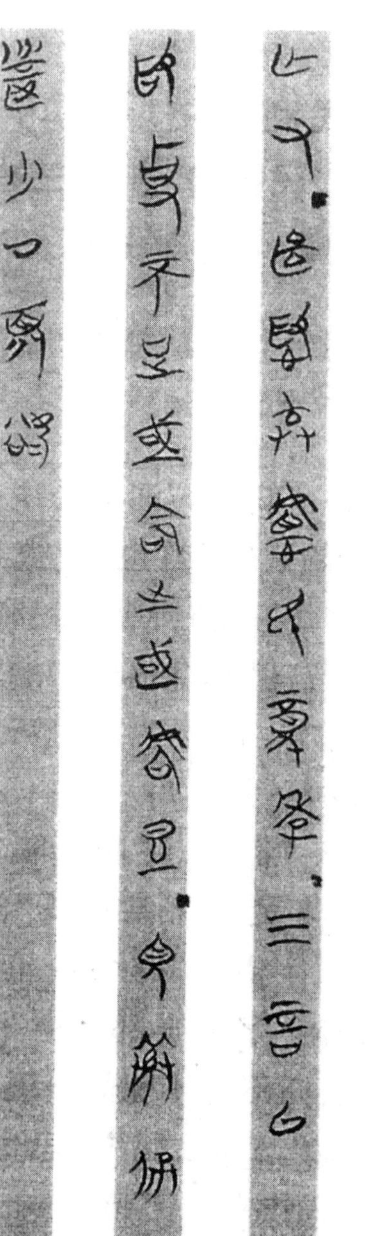

郭店楚墓竹简《老子》古抄本

第十九章

绝智弃辩①，民利百倍；绝伪弃虑，民复孝慈②；绝巧弃利，盗贼亡有③。此三言也，以为文④，未足，故令，之有所属⑤。见素抱朴，少知寡欲⑥，绝学无忧⑦。

【注释】

① 〔绝智弃辩〕此从竹简本。智：智巧。辩：争辩。《庄子》中有“绝圣弃智”一语，世传本此句亦作“绝圣弃智”，与老子《道德经》通篇所论的“圣人治国”之旨多有未合，陈鼓应等考证后认为这是庄子后学中的激烈派与儒家对抗而篡改所致。而竹简本此句为“绝智弃辩”，显然更符合老子“以

智治国，国之贼”（第六十五章）和“善者不辩，辩者不善”（第八十一章）的一贯论旨，故从竹简本校定。

② 〔绝伪弃虑，民复孝慈〕世传本此句为“绝仁弃义”，显然不符合老子将“道德”视为人的本质需求的一贯主张。故从竹简本校定。

③ 〔绝巧弃利，盗贼亡有〕巧：机巧。亡：无。河上公注：“绝巧者，诈伪乱真也，弃利者，塞贪路闭权门也。上化公正，下无邪私。”

④ 〔文〕指人为的矫饰，系与“素”“朴”相对而言。

⑤ 〔故令，之有所属〕王弼本作“故令有所属”，此从帛书甲、乙本改。此句意谓“故而将美德公开彰扬，使这三种主张有所归属”。

⑥ 〔见素抱朴，少知寡欲〕丝未染色者为“素”，木未雕琢成器者为“朴”，此皆指物之自然本性。老子以此为喻，教人少知寡欲，以复其本。按，帛书乙本作“见素抱朴，少私而寡欲”。王弼本作“见素抱朴，少私寡欲”。兹从竹简本。

⑦ 〔绝学无忧〕此四字原置于第二十章之首，但与第二十章内容了无关涉，显系错简所致，为绳其必当，故作此调整。

【今译】

弃绝智巧与机辩，会使人民得到百倍的利益。弃绝虚情假意与过多的计谋，让人们的天性复归孝顺与慈爱。弃绝机巧与实利，盗贼自然就会绝迹。以上这三种主张，必须是基于自然（“道”）而不是出于人为的矫饰，故应将治理天下的美德公开彰扬，使这三种主张有所归属。这些美德就是始终保持天性纯真、内心质朴、减少私欲、弃绝学问与智辩，以免除忧患。

【解说】

老子身处封建社会宗法制向集权制过渡时期，在他看来，民族社会作为“日出而作，日入而息”的自然社会，人与人之间是一种符合天性的自然关系。以故，像“自然”“素”“朴”等词语在老子那里便成为其话语的核心概念。为政者如果能够让民众放手去为自己谋取正当利益，且“皆谓我自然”，无疑是一种理想的施政效果。从本章看，老子不仅不反对民众求利，而且把民众能否尽可能多地得利作为衡量为政者政绩的一个重要指标。由此可知，过去不少论者认定老子是站在没落的奴隶主阶级的立场，反对生产力的发展，反对当时先进的生产方式的变革、进步，要倒退到生产力低下的原始社会，此论纯属无稽之谈，不足凭信。

第二十章

唯与呵，相去几何[①]？美与恶，相去何若？人之所畏，不可不畏[②]。荒兮，其未央哉！众人熙熙，如享大牢，而春登台[③]。我独泊[④]兮，其未兆。沌沌兮，若婴儿之未孩[⑤]。儽儽兮，若无所归[⑥]。众人皆有余，而我独若遗[⑦]。我愚人之心也[⑧]。俗人昭昭，我独昏昏[⑨]；俗人察察，我独闷闷[⑩]。众人皆有以，而我独顽以鄙[⑪]。我欲独异于人，而贵食母[⑫]。

【注释】

① 〔唯与呵，相去几何〕王弼本等世传本此句作“唯之与阿”，竹简本此句作“唯与呵”。“呵”当借为“诃”，《广雅释

诂》解:“诃，怒也。”高明校注:“《说文》:‘诃，大言而怒也。’……盖‘唯’为应声，‘诃’为责怒之词。”按，不少注家称“阿”与“呵”古代通用，其实不然，二字在做动名词时并不通用，故从竹简本和帛书本校正。又，世传本“唯之与阿，相去几何”与下句“美之与恶，相去若何”末尾的“何”两相重复，有悖老子协韵为文之风格，故从竹简本、帛书甲、乙本，将后句“相去若何”校定为“相去何若”。

② 〔人之所畏，不可不畏〕竹简本、帛书乙本都为“亦不可以不畏人”。此从王弼本。

③ 〔如享大牢，而春登台〕王弼本、河上公章句本“大牢”为“太牢”。此从帛书本。高明校注:“‘大牢’今本作‘太牢’，义同，乃飨礼之最上者。周时宴飨之礼分五等级，计九鼎、七鼎、五鼎、三鼎和一鼎，大牢级别最高，用九鼎。”此指丰美的盛宴。

④ 〔泊〕指淡泊宁静。

⑤ 〔沌沌兮，若婴儿之未孩〕沌沌：混沌不清。孩：古时通“咳”，《说文》:“咳，小儿笑也。”此句意谓圣人恬静无为，无迹无举，若不知咳笑的婴儿——此皆冥修内观之功。

⑥ 〔儽儽兮，若无所归〕意谓颓丧疲惫之状。

⑦ 〔众人皆有余，而我独若遗〕此从王弼本。王弼注:“众人无不有怀有志，盈溢胸心，故曰皆有余也，我独廓然，无为无欲，若遗失之也。”

⑧〔我愚人之心也〕河上公注:“不与俗人相随，守一不移，如愚人之心也。无所分别。”——此亦冥修之功也。

⑨〔俗人昭昭，我独昏昏〕昭昭：谓俗人智巧现于外。昏昏：谓冥修之人无欲无为，其状若昏也。

⑩〔俗人察察，我独闷闷〕察察：谓苛刻，毫不饶人。闷闷：无智无欲，昏噩纯朴之状。

⑪〔众人皆有以，而我独顽以鄙〕以：有为也。顽以鄙：即无为，若不逮也。王弼注:“以，用也，皆欲有所施用也。无所欲为，闷闷昏昏，若无所识，故曰顽且鄙也。”

⑫〔而贵食母〕老子将道视为天地万物之母。贵食母：守道抱一之意。王弼注:“食母，生之本也。人者皆弃生民之本，贵末饰之华，故曰我独欲异于人。”

【今译】

顺从与责怒，究竟相差有多远？美好与丑恶，又有多大差别？人们所畏惧的，不可以不畏惧。荒寥啊，无边无际！众人熙熙攘攘，热热闹闹，像是在歆享着太牢盛宴，又像在春日登高赏景。唯独我淡泊独处，没有一点情欲的微澜从心中泛动。混混沌沌，如同不知嬉笑的初生婴儿；又疲惫失意，像是无家可归。众人无不自乐自得，唯独我若有所失。我真是愚笨不堪！众人都聪慧明白，唯独我昏然浑噩；众人都精明苛刻，唯独我愚钝孤闷。众人都有才可用，唯独我愚顽无为。我与常人的最大不同就是，我始终抱守着人生的根本——创化万物的大道。

【解说】

或许是真正具有独异禀赋、超凡入圣的悟道之士太过稀缺，老子生前未必能有与冥修得道的知音进行精神对话的机会。在本章中，自“泊兮”而下，“若无所归”“独若遗”“独昏昏”“独闷闷”等，宛若一幅“自画像”，且以众人之熙熙情状反衬“我”的迥异常人之境——守道而抱一，故曰“我独泊兮，其未兆”；弃知而忘虑，故曰“若婴儿之未孩”。末句以“食母”作结，表明老子的孤独正与其独具的宗教理念、超理性的冥修体悟互为表里。一个“贵”字，足征老氏与道已须臾不能分离。

第二十一章

孔①德之容，惟道是从。道之为物，惟恍惟惚②。惚兮恍兮，其中有象；恍兮惚兮，其中有物。窈兮冥兮，其中有精③；其精甚真，其中有信④。自今及古，其名不去，以阅众甫⑤。吾何以知众甫之然哉⑥？以此。

【注释】

① 〔孔〕大也。

② 〔惟恍惟惚〕指空茫虚空之状。

③ 〔窈兮冥兮，其中有精〕王弼注："窈冥，深远之叹，深远不可得而见，然而万物由之，其可得见，以定其真。故曰

窈兮冥兮，其中有精也。”

④〔其精甚真，其中有信〕信：信验也。按，恍惚、窈冥是道体的“无”的一面；有象、有物、有情是道体的“有”的一面。故曰：“其中有信。”

⑤〔众甫〕万物之始。

⑥〔吾何以知众甫之然哉〕王弼本等此处作“众甫之状”，帛书本为“众甫之然”，“然”字有“原委”“本真”之义，而“状”只有“状况”之义，故从帛书本。

【今译】

大德的言行，无不以道为准则。道作为自在之物，总是恍恍惚惚。似有似无，似实似虚，若隐若现。它幽幽冥冥，其中却蕴含着一切生命物质的本源和要则。“道”非常真实地存在着，并信验着天地万物。道可推至往古，虽不可名却仍一直以“无名”称之，由此可以认识万物之始的本源。我怎么会晓得这一切呢？就是通过这个“道”。

【解说】

古之行文“法无定法”，由是反倒更显出老子之文的简古奥衍，未可方物也——本章正面阐述“道”的作用，而且老子用的是“正言”。老子之所以强调“惟道是从”，因道外无物，必也摒弃种种无知妄想，方能如是。

老子在本章中还揭示出道的四种特性：象、物、精、信。“象”指的是道的显现形式；“物”指的是道的本体性；“精”，既指体道者的意志、情感，亦指体道者所自具的“知”的能力；而“信”指的是道所展示的整个信息场的全息性。在老子看来，人仅凭眼、耳、鼻、舌、身、意，是不可能看到道在化物运动过程中的全貌的，加之世人又总是被各种俗谛习见所缚，如果修道的功候不到，不能破执解缚，就无法看到道的“实相”。故曰“窈兮冥兮，其中有精；其精甚真，其中有信”。而老子之所以能够“知众甫之然哉”，正在于他拥有“惟道是从”的“孔德”。通过冥修内观，老子已然达至“圣”的境界。

从行文看，本章是老子最具华彩的名篇。诗情、哲思、玄言、奥理皆熔于一炉，在先秦诸子中，可谓出其类，拔其萃，垂辉千春，万世不磨者也。

第二十二章

曲则全，枉则直，洼则盈，敝则新，少则多①，多则惑。是以圣人抱一为天下式②。不自见故明，不自是故章③，不自伐④故有功，不自矜故长。夫唯不争，故天下莫能与之争。古之所谓“曲则全⑤”者，岂虚言哉？诚全而归之。

【注释】

① 〔少则多〕王弼本等此句为“少则得”，帛书本则作“少则多”。此句前为“曲则全，枉则直，洼则盈，敝则新”，每句皆为正反相对，故帛书本“少则多”似更符合老子的原意。至若下面的“多则惑”，固未如前五句那样构成一种正

反相对的关系，但这却正是此章所着重论述的主旨所在——这也正是先秦古文的一大特色。唯其“多则惑”，老子在下文中才强调“抱一”，强调“谦德”，所谓“天道亏盈而益谦，人道恶盈而好谦”。(《易经·谦卦·彖辞》)

② 〔抱一为天下式〕抱一：意谓守持上面六“不”中所隐含的道理。式：效法。

③ 〔章〕通彰，彰显意。

④ 〔伐〕夸耀。

⑤ 〔曲则全〕曲者，委曲也。《礼》曰“曲礼”，即委曲详尽而为礼。《易经》曰：“曲成万物而不遗。”

【今译】

委曲则能保全，弯曲则能挺直，低洼则能充盈，陈旧则能翻新，少则能增多，过分贪求则会感到迷惑。因此，圣人守持着大道为天下作出楷范：不自我炫耀，故能显明；不自以为是，故能昭彰；不自我夸赞，故有功德；不妄自尊大，故受敬重。正因为不与人争，所以天下就无人能与他相争。古语说“委曲则能保全”，此语确有至理在焉。

【解说】

本章进一步阐发“曲则全”的道理，强调“不争”。老子在此显然还是站在圣人治国的立场立论的。在老子看来，君主德高位尊，最宜谦下。倘若恃强凌弱，富贵而骄，必将结下仇怨，激起反抗，可不慎诸？老子同时还告诫人们要慎蓄锋芒，不能一味地“自视”“自见”“自伐”“自矜”，否则将会适得其反，甚至付出惨重的代价。章末的“诚全而归之”五字，即所谓功成身退之意——不自见、不自是、不自伐、不自矜，皆“不争”“无为”之道也。《道德经》此章，无处不在“曲”“全”二字上生发而出，为用无穷，尤其是对于初涉世道的青年人来说，不啻药石之言！

第二十三章

希言自然[①]。故飘风不终朝，暴雨不终日。孰为此？天地。天地尚不能久，而况于人乎？故从事于道者，同于道；德者[②]，同于德；失者[③]，同于失。同于道者，道亦得之；同于德者，德亦得之；同于失者，失亦得之[④]。

【注释】

① 〔希言自然〕首句最能体现先秦古文用词的弹性与张力，妙在它看似简明，却蕴含着数重意涵，故不能按照字面直解。首先，“希”字并不能简单地理解为“少”，因为在老子的语境里，“希”往往有辨识不清之意。而“自然”，亦不能简单

地作概念化的臆解，宜作“万物之自然”或“百姓皆谓我自然”之“自然”解。必也如是，才能贯解下文。

② 〔德者〕指修德之人。

③ 〔失者〕指失道失德之人。

④ 〔同于道者，道亦得之；同于德者，德亦得之；同于失者，失亦得之〕河上公本于这几句话的“亦”字后多一“乐”字，疑为衍文，此从帛书本、王弼本校定。王弼本在本章末还有“信不足焉，有不信焉”一句，此言不见于帛书本，却复见于世传本第十七章，显系错简误植，故从帛书本，删之。

【今译】

最理想的状况是，为政者虽施加政令，但百姓却辨识不清究竟是来自上层还是自然形成的结果。如果为政者恃强力推行，则一定难以持久，正如飓风不能刮一上午，暴雨下不了一整天。为什么会这样呢？是天地使然。天地兴风作雨尚且不能持久，何况是人力所强为？故而从事修道之人，必将得到“道”的泽惠；从事修德之人，必将得到德的施与；失道失德之人，也必将得到道德的遗弃。

【解说】

本章从“不强为”的角度阐发“不以智治邦”的“无为”之

道。所谓“飘风”“暴雨”，皆喻世间有为之法，须臾变灭。天地兴风作雨尚不能长久，而况于人之所为乎？

必须指出，随着“尚武功”的秦帝国的建立，“强为大”一直是一种占主导地位的重要理念，并成为主流话语。在此理念的统驭下所酿成的至悲至痛，史不胜述。而老子“希言自然”的理念，则一直成为一种隐性话语，直到人们在现实的铁壁上碰得头破血流，才会真切地体悟到此中的真理性。从这个意义上说，老子无愧于旷观百世之变而卓立于重霄之上的圣哲。

第二十四章

炊者不立①。自视者不章②，自见者不明，自伐③者无功，自矜④者不长。其在道也，曰：余食赘⑤行。物或恶之，故有道者不处。

【注释】

① 〔炊者不立〕王弼本作“企者不立，跨者不行”。高明认为“跨者不行”四字恐非《老子》旧文。此言极是。按，炊，火字，因其没有形质，不能自立，故老子取来为“不立”作喻。

② 〔章〕通彰，彰显意。

③ 〔伐〕夸耀。

④〔矜〕自高自大。

⑤〔赘〕多余、无用。

【今译】

就像炊火炽旺不能自立，自命不凡者反而不能彰显，自我炫耀者其实缺乏智慧，自夸自傲者不会建立任何功绩，自以为是者不能担任要职。如以道视之，这些皆为多余的食物、徒劳的赘行。一般人尚且讨厌，更为有道行之人所不齿。

【解说】

本章正面阐述顺应自然、谦下退让之理。开首以“炊火”虽旺却无形质，不能自立、持久为喻，引出“自视”“自见”“自伐”“自矜”者之弊。且贤者有德行事功，何须高自矜许，恐人不知？故老氏以“余食、赘行”作喻。此等一介之才，于道必暗然不彰，故为“有道者不处”，以其不合于道也。

第二十五章

有物混成[①]，先天地生。寂兮寥兮[②]，独立而不改，周行而不殆[③]，可以为天地母。吾未知其名，强字之曰道；吾强为之名曰大。大曰逝，逝曰远，远曰反[④]。故道大，天大，地大，人亦大[⑤]。域中有四大，而人居其一焉。人法地，地法天，天法道，道法自然[⑥]。

【注释】

① 〔有物混成〕意谓道在宇宙还是混沌状态时就已存在。王弼注："混然不可得而知，而万物由之以成，故曰混成也。不知其谁之子，故先天地生。"混成：帛书甲、乙本作"昆成"。

《说文》云："昆，同也，从日，从比。""昆"亦有"众多"之意，况又是"混"的本字，故王弼本作"混"，取其混沌、混和义。

② 〔寂兮寥兮〕寂：无声。寥：无形。《庄子·天下篇》云："寂寥无形。"

③ 〔周行而不殆〕周行：循环往复。不殆：此处谓不止息。按，帛书本中并无此句。虑以《老子》成书较早，且成书过程非常复杂，故不宜简单将其视为衍文。依笔者对此句的拙解——能够永无止息地循环运行而不会招致任何危险，这正是有道之君所应极力效法的境界。

④ 〔大曰逝，逝曰远，远曰反〕此承上句"周行"而来，"大""逝""远""反"四个字揭示出道的全部运行过程。

⑤ 〔人亦大〕帛书本此处的"人"作"王"，文义似扞格难通。因老子将道、天、地、人并列为人类视野中的四大实在，而"王"只是"人"的一类，为从属概念，不足与道、天、地并论，故此处从古本。

⑥ 〔人法地，地法天，天法道，道法自然〕此为老子关于道的一个著名论断。由此可见，早在春秋末年，老子已然认识到宇宙万物自成"系统"的客观存在。在老子看来，人、地、天为三大系统，大系统中又包括小系统，互相联系而形成一个整体。人作为一个子系统，必须效法"长而不宰"的地，"成功而弗居"，故曰"人法地"；天"生而不有"，始终"无为"，故曰"地法天"；至若"天法道"，则是取道之大、之

恒而言之；而“恒”的最伟大的功用，就是“辅万物之自然”，使其达至适性自为而然的境界，故曰“道法自然”。

【今译】

有一个浑然一体的东西，在天地尚未形成之前就已存在。它无声无形，却超越万物而恒久不变，且永无止息地循环运行而不会招致任何危险。它创化天地万物，可为天下万物的根本。我不知道它的名字，姑且尊称它为“道”，并勉强给它起名为“大”。大到广袤无边必运行不息，运行不息必无远不至，无远不至必周而复返，回归本源。所以说，道是大的，天是大的，地是大的，人也是大的。宇宙中有此四大，而人居其中之一。人师法地，地师法天，天师法道，道师法化育万物、使一切适性而为的自然。

【解说】

本章主要是从“道”的视角讨论“大”的概念。

道大，天大，地大，人亦大。此四大不宜分列，必合之方能浑成一体，道体固未可须臾分离也。由是老氏乃言“取法”之次第——法地者，取其“长而不宰”“成功而弗居”；法天者，取其“生而不有”，始终“无为”；法道者，取其大、其恒；法自然者，取其“辅万物”，恒使其达至适性自为而然的境界。至于逝也，远也，反也，此乃极言大道之运化，岂人之自见自是以为得哉？

第二十六章

重为轻根，静为躁君①。是以圣人终日行不离辎重②。虽有荣观，燕处超然③。奈何万乘之主，而以身轻于天下④？轻则失根，躁则失君。

【注释】

①〔重为轻根，静为躁君〕根：根本。君：主宰。

②〔是以圣人终日行不离辎重〕圣人：诸本多作“君子”，但此处作“圣人”较合理，故从王弼本。辎重：行军带的粮食、装备等。

③〔虽有荣观，燕处超然〕荣观：即宫阙。燕处：原指后妃之居所，此指贵族王侯的日常生活享受。超然：指不沉溺于

声色之中。

④〔奈何万乘之主，而以身轻于天下〕万乘之主：指大国国君。帛书本作“万乘之王”。战国时期，大国作战时一次可以出动万部作战的车子，一部车子叫作一乘。

【今译】

重为轻的根本，静是躁的主宰。正因如此，圣人整日出行在外却不离粮草辎重。虽有美景佳肴在前，而泰然处之不为所动。作为拥有万乘战车的君主，治理天下怎能轻举躁动呢？轻率就会失去根本，躁动就会失去主宰。

【解说】

本章专论“重”“轻”“动”“静”之义。轻若舍重则失据，动必以静而得息。故圣人当以重为本，方能以厚德而载物；以静为主，无为而成化。所谓“终日行不离辎重”，喻圣人担荷重任以尽行愿之力。倘若不知天下之为重，而私其身以轻天下，则静躁失衡，轻率妄作，岂能轻重有伦，动静有常？如是则必贻患无穷也。

第二十七章

善行无辙迹[①]，善言无瑕谪[②]，善数不用筹策[③]；善闭无关楗[④]而不可开，善结无绳约[⑤]而不可解。是以圣人恒善救人，而无弃人；恒善救物，故无弃物，是谓袭明[⑥]。善人者，不善人之师；不善人者，善人之资[⑦]。不贵其师，不爱其资，虽智大迷。是谓要妙[⑧]。

【注释】

① 〔善行无辙迹〕辙迹：车子在泥土的路上行走所碾过的痕迹。此处之“善行”与下文“善言”对举，不仅指走路，主要指行为。默默地行善而不声张才算“善行”，因为它不留痕迹。

② 〔瑕谪〕缺点，毛病。

③〔筹策〕古代计算所用的竹制筹码。

④〔关楗〕关锁门户的金属或木制的器具。

⑤〔绳约〕用绳捆起来。

⑥〔袭明〕袭：因也。见《左传·襄公十三年》“而岁袭其祥”，孔颖达疏引《礼记》郑玄注。许慎《说文》曰：“因，就也。”

⑦〔资〕凭借，借鉴。

⑧〔要妙〕精要玄妙。帛书甲、乙本均作“眇要”，此从通行本。按，“眇”为“妙”之通假。《楚辞·湘君》写：“美要眇兮宜修。”

【今译】

善于行路的，看不出出行的辙迹。善于言谈的，无可挑剔。善于计算的，不用借助筹码。善于封藏的，即使不用锁具也不会被人打开。善于捆绑的，即使不打绳扣也无法被人解开。与此同理，圣人总是善于施惠人民，做到人尽其用，所以没有被遗弃的人；处处珍惜万物，尽力使得物尽其用，所以没有被废弃的物。能够达此境域，真可谓精微高明的有道之人了。因此，善人是不善人的老师；不善之人是善人的借鉴。不尊重老师，不爱惜资源，虽有小智小慧，也难免会在大的方面迷失。此中的精义妙理，宜乎用心体识！

【解说】

所谓“辙迹”“瑕谪”“筹策”“关楗”“绳约”者，皆有为之迹。故善行善言者，皆因其本明，依道而行，切不可逞其私智，妄自作为，故谓“袭明”。

本章引出“恒善救人”这一论题。究竟应以师为重还是以资为重，当视“不善人”与“善人”而定。不贵其师，则迷无转智；不爱其资，则智无破迷。至如所谓“大迷”，诚如马一浮所言：“以智大故迷亦大，迷其本智，故号大迷。悟其无迷，即是大智矣。”此真深解老氏之见。

第二十八章

知其雄，守其雌，为天下溪[①]。为天下溪，恒德不离，复归于婴儿。知其白，守其黑，为天下式[②]。为天下式，恒德不忒[③]，复归于无极[④]。知其荣，守其辱，为天下谷。为天下谷，恒德乃足，复归于朴[⑤]。朴散则为器，圣人用之则为官长。故大制不割[⑥]。

【注释】

① 〔知其雄，守其雌，为天下溪〕雄：刚强。雌：柔静、谦和。溪：处于低势的溪壑。

② 〔式〕楷范。

③〔忒〕差错。

④〔无极〕指德行广博，无边无尽。

⑤〔朴〕指原始状态。

⑥〔故大制不割〕制：本义是裁制衣服，如《诗经·豳风·东山》："制彼裳衣。"后引申为制造、制作、制定诸义。割：割裂、分开。王弼注："大制者，以天下之心为心，故无割也。"

【今译】

明知什么是雄性的刚强，却宁愿守持雌性的柔弱，这样就可作为处于低势的溪壑，使众流汇注。果能如此，恒德就不会背离，并回复到初生婴儿的外表柔弱、内气充盈的状态。明知什么是明亮，却安守暗黑，作天下的榜样。作天下的榜样，永恒之德就不会偏差，回归到无极的状态。明如什么是荣耀，却安守耻辱，作天下的川谷。作天下的川谷，恒德俱足，就能够回归到道的真朴。道朴分散化作万物，圣人善加运用，就能为官治世。至于大的裁制则是合道而不可分割的。

【解说】

本章从形而上的高度，论述"恒德"，最后归结到"朴"，旨在启导圣人要守柔不争，守朴无为。所谓"朴"，实乃敦厚、朴素、质直之谓也。唯有“朴”，乃可雕琢而为器，器成乃可为天下用。

老氏素重自然之治，欲使人民返朴还淳，唯恐其趋于儇薄佻巧，故冀望以大道行于天下，所谓“大制不割”也。由此一悟解出发，我们也就不难理解，老氏所强调的“守”，其目的绝非消极退让，而是“为天下溪”“为天下式”“为天下谷”，最终达至“天下莫能与之争”的境地。

第二十九章

将欲取天下[①]而为之，吾见其不得已[②]。天下神器[③]，不可为也，不可执也。为者败之，执者失之。是以圣人无为，故无败；无执，故无失[④]。夫物或行或随[⑤]，或热或挫[⑥]，或强或羸[⑦]，或陪或隳[⑧]。是以圣人去甚，去大，去奢[⑨]。

【注释】

① 〔取天下〕即治理天下，“取”在此不是“拿”的意思。

② 〔不得已〕即“不能达到”之意，并非我们所习用的“无可奈何”之意。

③〔神器〕神奇的东西，此处指王位。

④〔为者败之，执者失之。是以圣人无为，故无败；无执，故无失〕世传本中以上诸句出现在第六十四章，与上下文毫无关联，显系错简所致，故调整至此并予以合并。

⑤〔或行或随〕随：古通“隋”。“隋”为下垂、坠落之义，与“行”恰好相反。

⑥〔或热或挫〕意谓有人因心气太盛而受挫。王弼本作“或歔或吹”，兹从帛书乙本。

⑦〔羸〕瘦弱。

⑧〔或陪或隳〕王弼本此句原作“或挫或隳”，两者并无相对关系，而帛书本则作“或陪或隳”。陪：《说文》云“重土也”，后引申为“增加”义，与“培”通，在此有“增益”之义，两相对举，故从帛书本。隳：毁坏。

⑨〔去大，去奢〕大：通“太”，从帛书本。奢：《说文》解“张也”。《左传·隐公三年》有：“骄奢淫泆，所自邪也。”孔颖达疏：“奢，谓夸矜僭上。”

【今译】

有人想采用“有为”的办法聚集天下的力量创一番大业，我看他是成不了的。天下，是神圣的器物，不是人力所能强为的。强为的必然失败，执持者必然有所丧失。因而圣人不作为，故不会失败；不执持，故不会丧失。世人有的前行，有的跌倒；有的因心气太盛，反而受挫；有的因逞强而衰败，有的急欲增益反而损毁。正因如此，圣人摒弃极端、奢侈和过度。

【解说】

此章着重申说“无为之益”。盖“天下神器”，岂可以人力私智强为之？倘若强为之，必欲益反损，适得其反。以故，“为者败之，执者失之”，是皆用力过甚，此为圣人所不处。

至若“去甚，去大，去奢”，此三义微有不同。据《说文》：“甚，尤安乐也。从甘、匹。”匹，偶也。此“甚”之本义。老子所用的正是“甚”的本义，若用引申义，则与“大”“奢”无异，与老子浑涵简括之行文风格不类也。

第三十章

以道佐人主，不以兵强天下[①]。其事好还。师之所处，荆棘生焉[②]；大军之后，必有凶年。善者果[③]而已，不以取强。果而勿矜[④]，果而勿伐[⑤]，果而勿骄，果而不得已，是谓果而勿强[⑥]。

【注释】

① 〔以道佐人主，不以兵强天下〕此段首句从帛书本。王弼本作“以道佐人主者，不以兵强天下”。虽仅多一“者”字，其意涵却颇有差别。若按王弼本，此句宜作“以兵强天下”者，乃“以道佐人主者”解之，如陈鼓应即将此句译为“用道辅助君主的人，不靠兵力逞强于天下”。

动作的发动者（主语）显然为帅为宰而非君主。若依帛书本，此句则可理解为“以道来辅佐君主”，主语显然是君主，唯有君主才能“不以兵强天下”，即不用军事实力来逞强于天下。由此可见，王弼本着一“者”，导致语义混乱，且极易产生歧解，故从帛书本。

② 〔荆棘生焉〕荆棘：带刺的小灌木、酸枣之类。此处指耕地荒芜的后果。

③ 〔果〕达到目的，取得成果。

④ 〔矜〕《广雅》解“大也”，后引申为矜持、自夸之义。

⑤ 〔伐〕夸耀，自夸功绩。司马迁《史记·屈原列传》有：“每一令出，平伐其功。”

⑥ 〔是谓果而勿强〕世传本、帛书本此段后还有“物壮则老，是谓不道，不道早已”三句，与本章所着重论述的“果而不得已”的主旨无甚关联，且复见于第五十五章，宜乎删削。据清人姚鼐考证，此乃错简造成的衍文，甚合鄙意，故据竹简本不取。

【今译】

君主有大道相辅助，故无须用兵力逞强于天下，因为采用战争手段，总会受到报复。凡是军队所驻之处，就会荆棘丛生，田野荒芜。大战之后，必定是灾荒之年。故明于大道之人，只求达到用兵的目的就行了，切莫以此黩武逞强。目的达到了，切莫自高自大，自吹自擂，盛气凌人，要知道这一切皆是出于不得已，这就达到了实现目的而绝不逞强的境地。

【解说】

老子所阐发的“果而不得已”理念，与法家的富国强兵思想相反，亦有别于墨家的“尚贤”“尚同”“非战”主张，却自有“俯贻则于来叶”的理论价值。盖立国建业，谁能去兵？养兵御寇，岂能无武？我中华民族数千年来，历经数次外族入侵、入主而历劫长存，且道脉不断，反因异族的融入、同化而壮大，并成为唯一的没有重大文化断裂的文明古国，岂偶然哉？若进一步细究其因，是否可从老子“善者果而已”“果而勿矜”这一重要理念中寻出某种端倪呢？

第三十一章

夫兵者，不祥之器[①]。物或恶之，故有道者不处[②]。君子居则贵左，用兵则贵右[③]。兵者非君子之器，不得已而用之，铦袭为上[④]。胜而勿美。若美之，是乐杀人也。夫乐杀人，不可以得志于天下矣。是以吉事上左，凶事上右。偏将军居左，上将军居右，言以丧礼处之[⑤]。杀人之众，以哀悲莅之；战胜，以丧礼处之[⑥]。

【注释】

① 〔夫兵者，不祥之器〕王弼本为“夫佳兵者”，帛书甲、乙本都为“夫兵者”。王念孙注：“‘佳’当作‘隹’，字之误也。

‘隹’，古‘唯’字也。唯兵为不祥之器，故有道者不处。上言‘夫唯’，下言‘故’，文义正相承也。”似可从之。

② 〔物或恶之，故有道者不处〕帛书甲本为：“故有欲者弗居。”似较费解，帛书乙本缺失此句。王弼本为：“故有道者不处。”可从。此章除个别字句外，亦据世传本保留。

③ 〔君子居则贵左，用兵则贵右〕河上公注：“贵柔弱也，贵刚强也。此言兵道与君子之道反，所贵者异也。”范应元注：“左阳也，主生，右阴也，主杀，是以居常则贵左，用兵则贵右，盖杀伐之事，非以为常也。”

④ 〔铦袭为上〕铦：锋利。袭：刺入，砍入。意谓“兵器以锋利便于刺杀的为上等”。其他各种版本都作“恬淡”，颇嫌勉强。

⑤ 〔是以吉事上左，凶事上右。偏将军居左，上将军居右，言以丧礼处之〕河上公注：“左，生位也。阴道杀人。偏将军卑而居阳者，以其不专杀也。上将军尊而居右者，言其主杀也。上将军于右，丧礼尚右，死人贵阴也。”按，周代中原诸侯以右为大，用兵时则相反，以左为大，故主帅在左方，右方为武士。而蛮夷之国则以左为大，所谓“左袒”“左衽”，即其例也。老子因系楚国人，在周代尚属蛮夷之国，故“君子居则贵左，用兵则贵右”可能是楚国当时的情况。

⑥ 〔杀人之众，以哀悲莅之；战胜，以丧礼处之〕王弼本、河上公本都为“以哀悲泣之”。帛书甲、乙本中“泣”为“立”字。竹简本为“则以侬（哀）悲位之”。“立”“位”

皆为“莅”的异体或通假字，“莅”是临、对待的意思，与下文的“以丧礼处之”相对应，故从之。

【今译】

兵器是不吉祥的东西，谁都厌恶它，所以有道之士从不依仗它来行事。君子在平时的仪礼中以左边为上，而打仗时却以右边为上——这是因为用兵作战关系到残害生灵，唯有到万不得已时才用它。以锋利之兵器，出其不意，一举尽歼为上策，故不必称扬它；如果对其加以称扬，就是以嗜杀为乐事，果真如此，必不能得遂其愿于天下。因此，一般来说，吉庆的事以左边为上，凶丧事以右边为上；偏将军在左边，上将军在右边，这表明自古以来就是把战争当作丧事来看待的。他邦的人民多被杀害，参战者当以同情悲痛之心情去对待。打了胜仗，要以丧事的仪规来进行处置。

【解说】

本章可视为老子的战争观。老子一方面力陈“夫兵者不祥之器”以及居兵、尚武之患，另一方面又阐发了在战争“不得已而用之”的情况下，参战者应当持有的正确态度。这一点对执政者来说至关重要，态度往往决定着战争的性质。倘若“好战”而非出于不得已，“乐杀”而无餍足，必将酿成惨绝人寰的悲剧。要之，“可已而不已”，虽百胜而必亡，中外史例，难以悉举，故老子的这一思想，逮至今日，仍不失为垂鉴后世的警世箴言。

第三十二章

道恒无名朴，虽小，天下莫能臣[①]。侯王若能守之，万物将自宾。天地相合，以降甘露，民莫之令而自均。始制有名，名亦既有，夫亦将知之[②]，知之所以不殆。譬道之在天下，犹川谷之于江海也。

【注释】

① 〔道恒无名朴，虽小，天下莫能臣〕此句世传本一般断作："道恒无名，朴虽小，天下莫能臣。"语脉不畅，义不可通。故从高亨《老子正诂》注本。朴：具有原始性、单纯性、浑一性等多重意涵。其在《道德经》中凡数见，除在第五十七章"我无欲而民自朴"中的"朴"可作"质朴"解释外，其

余皆是作为一个形而上的概念出现的。

② 〔知之〕王弼本、帛书乙本等作“始制有名，名亦既有，夫亦将知止，知止所以不殆”。历来不少注家将此解释为世间万物开始命名并建立起形制，因此应该知道适可而止。如此作解，总觉文意鹘突晦塞，且与上文所述主旨渺不相关；尤其是万物有了名称，自当知止，殊觉文理欠通。于是，笔者检诸与老氏相关的各种版本，发现河上公本、景福本作“知之”，心头疑窦顿觉涣然冰释。按，此处“知之”的“之”，显然是指“道”，由是细加寻绎，深感着一“道”字，与此段之首尾呼应，穿穴密微，理致通贯矣。故从河上公本、景福本。

【今译】

由于道体虚无隐微，所以它总是呈显为无名之朴的形式。它虽隐微，但不受天下任何人的役使、支配，从而臣服。侯王如果能够抱守住它，万物都将会自动归从。天地间的阴阳两气相合，就会降下甘露霜雪，民众并未有意控制它，命令它，它却自然均匀，不偏不私。道既然创生了万物，万物便有了名称；既然有了名称，人们就会由此知晓道之所在，这样就不会发生危险。道之于天下万物，就像川谷之水遍及江海。

【解说】

本章倡言为政者当守道无为，因道在天下，为万物之宗，利济无穷，润泽无尽，“犹川谷之于江海”。为政者设令施政，若能以道服之，则民众莫之令而自然归从，各遂其生，发用盛大矣。

第三十三章

知人者智，自知者明。胜人者有力，自胜者强。知足者富。强行者有志。不失其所者久。死而不亡者寿①。

【注释】

① 〔不失其所者久。死而不亡者寿〕河上公注："人能自节养，不失其所受天之精气，则可以久。目不妄视，耳不妄听，口不妄言，则无怨恶于天下，故长寿。"王弼注："以明自察，量力而行，不失其所，必获久长矣。虽死而以为生之道不亡，乃得全其寿。身没而道犹存，况身存而道不卒乎？"高明注："'身没而道犹存'，体魄虽朽而精神在，是谓'死而

不亡者寿也'。"揆诸诸家之说，河上公似乎未窥老氏所谓"不亡"之精神命脉，故当以王弼注、高明注为是。又，此章帛书甲、乙本，古本大体皆同，较世传本在各句后多一"也"字。

【今译】

能够洞鉴他人优劣长短，可称为有智慧；能够识透自我之本心本性，才算得上高明。能够战胜别人，是有力量的表现；能够克制各种欲求、承受巨大压力并最终战胜自己的，才堪称真正的强大；能够知足而淡泊名利者才算富有；能够身体力行、自强不息才称得上胸有大志。以道为本、不迷失本性的人才能长久。肉身虽已消殒而精神不朽者才算永寿。

【解说】

本章可视为老子的人生论。所谓"自知""自胜""知足""强行"，皆为对圣人所提出的要求。苟能"不失其所"地坚守之，庶几得道。须加措意的是，老子对圣人所采用的一般都是非功利性标尺，用语、取譬大多远离"世俗谛"，而在此章，老子却向圣人提出了一个更高的要求——"死而不亡"。此即所谓"精神不死"之意也。春秋时叔孙豹有言："太上有立德，其次有立功，其次有立言，虽久不废，此之谓不朽。"此"三不朽"，其意略近于老氏所谓"死而不亡"的寿者。

第三十四章

大道泛[①]兮，其可左右。万物恃[②]之以生而不辞，功成而不有[③]。衣养万物而不为主，可名于小。万物归焉而不为主，可名为大。以其终不自为大，故能成其大[④]。天下皆谓我道大，似不肖。夫唯大，故似不肖。若肖，久矣其细也夫。

【注释】

①〔泛〕此可作“广泛”解。

②〔恃〕依赖。

③〔不有〕意谓不自恃有功。

④〔故能成其大〕诸本都是到此结束。其后面的一段原在第六十七章开首，但与该章上下文缺乏内在的逻辑关联，显系因错简而误置，为绳其必当，故调整至此。

【今译】

道，它无所不在，普运周流，万物都是依赖着它的辅助而生成。其功成后，却不居此自傲；众生归顺它，它却不进行主宰。从它效法“恒”而无欲无求这一点看，可从“小”的意义上称之；若从它得到众生归顺却不加以主宰这一点看，可从“大”的意义上称之。由此可见，有道者之所以能成就大业，是因为他从不自以为“大”。天下人都说我的道太“大”，似乎无物可作比拟。之所以如此，反倒证明道之“大”。如果道看上去像是某种具体物象，那它就会变得极为有限与渺小了！

【解说】

本章向我们描绘出“道”的实相：衣养万物而“不为主”。人称其“小”，而万物都归依于它；人称其“大”，却不自以为“大”。唯其如此，“道”反而益显其“大”。说到底，这种“大”，只属于“道”本身。正如真正的“圣”，亦属于“圣”本身。至于圣人本人，却往往不自以为“圣”，这才是真正的“圣”。

第三十五章

执大象[①]，天下往；往而不害，安平太[②]。乐与饵[③]，过客止。故道之出言也，曰：淡兮其无味也，视之不足见也，听之不足闻也，用之不可既也[④]。

【注释】

① 〔执大象〕执：守也。象：道也。

② 〔往而不害，安平太〕严复注："安，自由，平，平等，太，合群也。"严复所注颇具西学东渐的近代文化特征，大非"以老解老"之道。事实上，所谓"安平太"，在老子看来，当为治世的三大特征。安：安定也。平：平均、均衡也。太：通"泰"，通达也。

③〔乐与饵〕乐：音乐。饵：诱人的美味食料。

④〔用之不可既也〕既：穷尽。王弼注："言道之深大，人闻道之言，乃更不如乐与饵应时感，悦人心也。乐与饵则能令过客止，而道之出言，淡然无味，视之不足见，则不足以悦其目；听之不足闻，则不足以娱其耳。若无所中，然乃用之，不可穷极也。"似可从。

【今译】

为政者执守大道，处无为之事，天下人都会归附于他。归附后，人们照常生活，互不妨碍，这样天下就会安定、平均、通达。人间的美乐佳肴，往往会诱使过客们沉溺其中，但道一旦发为言语，却平淡无味。它无形无声，却取之不尽，用之不竭。

【解说】

本章专论"道"的功能。"道"虽平淡无奇，却能使"天下往"，"往"之一字，有顺服、归心诸义。接下来的"安平太"，系指个体生命而言，但同样是道"用之不可既也"的具体显现，此"道"较之"损有余以奉不足"的"天之道"来说，更具有无为而无不为的普惠效应。

"乐与饵，过客止"——此为喻辞，与"淡兮其无味"的道作比衬。道固非如乐饵，"不足见""不足闻"，然发用无穷。由此可见，物之相异，一喻而同、异双征，此论道之极境，其文辞亦至括至约。如此可谓为至文，可谓为经典。

第三十六章

将欲歙之，必固张之；将欲弱之，必固强之；将欲去之，必固举之；将欲夺之，必固予之①。是谓微明②。柔弱胜强。鱼不可脱于渊，邦之利器③不可以示人。

【注释】

① 〔将欲歙之，必固张之；将欲弱之，必固强之；将欲去之，必固举之；将欲夺之，必固予之〕歙：此处有收缩、收敛之意。此四句，高明于《帛书老子校注》曰："验之帛书甲、乙本，经文相同，四句则为'歙张'、'弱强'、'去举'、'夺予'。'张'与'强'，'举'与'予'皆成韵读，

则经文音谐义合，足征老子原本即当如此。”

②〔微明〕一种微妙的能洞见先机的智慧。

③〔利器〕指刑法禁令。

【今译】

将要收敛它，必定要先使它张扬；将要削弱它，必定要先使它强盛；将要废弃它，必定要先提举它；将要夺取它，必定要先给予它，识透此一物极必反、盛极而衰之理，就叫作“微明”——能洞察精微的高明的睿智。所谓柔弱必胜刚强。鱼不能离开潭水，邦国的重器如法令、刑罚、军械等，绝不能轻易拿出来威胁他人。

【解说】

老子的“欲歙固张”之说，曾为儒林所诟病。不少恶其心机之深密者，甚至将老氏定为阴谋家。如宋代王应麟就认为，老子曰：“将欲歙之，必固张之；将欲夺之，必固与之”，此乃阴谋家之言，范蠡即用此理以取吴国，张良则用此理以灭项羽，本章即为“罪证”之一。但揆诸文本，老氏何曾有意搞所谓“阴谋哲学”？只是由于王弼本等通行本严重扭曲了老氏的原意，将四个“将欲”均解释为主动的谋略，这显然与老子“为者败之，执者失之”之说大相矛盾，其所谓“微明”之义亦显得暧昧不清。然而，老子对此不任其咎，因为在楚简本中，这一段并不存在，由此所引发的种种妄解，亦丝毫无损于老子的思想光辉。

处在“固张”“固强”“固举”“固予”的尊崇地位上，为政者往往很难预见到“歙之”“弱之”“去之”“夺之”的最终结局；又，为政者一旦拥有“利器”，往往会昧于“无为”“不可示人”之“微明”，对此，老氏洞烛幽微，向为政者发出警诫，其识卓矣，其意深矣。

第三十七章

道恒亡为也①，侯王若能守之，万物将自化。化而欲作，吾将镇之以无名之朴②。夫亦将无欲。无欲以静，天地将自定。

【注释】

① 〔道恒亡为也〕此从竹简本。此句王弼本、河上公本作“道常无为而无不为”，帛书乙本作“道恒无名”，但联系下文“侯王若能守之，万物将自化”看，以“无名”二字似难贯解全章。笔者认为，欲使“万物自化”，必当效法“道”之“无为”“无欲”，方能“天地将自定”。如是作解，庶合老氏之本旨，故从竹简本。又，王弼

本、河上公本有“无不为”三字，似为后加，故不从。亡：通“无”。

② 〔吾将镇之以无名之朴〕朴：乃道之本质，道既无名，所以“朴”亦无名。诸本在此句后又重复“吾将镇以无名之朴”，冗赘啰唆，与老子简括高古之语言风格大异，故从竹简本删之。

【今译】

“道”是永恒的、无为的，却无所不能为。侯王如能持守之，万物将各遂其性地自然归化。在此归化过程中，倘若滋生“有为”的利欲，我将用道的本质——“无名之朴”去镇服它。这样利欲就不会再滋生了。于是，万物都恢复于平宁，而天下自然也将会归于安稳平静。

【解说】

本章着重阐明“道”的“无为”性质。在老氏看来，一人为君主而万事作断焉，倘能不自尊大，自处者小，且行“无为”之道，如是则归之者必众；归之者愈众，则其成就亦愈大。故侯王必当以“无为”之道裨助万物化作，守静而淡然于利欲之外，处非常之变而不失其常，知当变之变而不失其正，如此“无欲以静”，则天下必将归于平宁。

第三十八章

上德不德，是以有德[①]；下德不失德，是以无德[②]。上德无为而无以为，下德无为而有以为。上仁为之而无以为，上义为之而有以为；上礼为之而莫之应，则攘臂而扔之[③]。故失道而后德，失德而后仁，失仁而后义，失义而后礼。夫礼者，忠信之薄，而乱之首[④]。前识者[⑤]，道之华[⑥]也，而愚之始。是以大丈夫处其厚不居其薄；处其实不居其华。故去彼取此。

【注释】

① 〔上德不德，是以有德〕上德，接近于老子在前文所说的“上善”“太上”，谓上古圣人，与道合一，泽惠群生，而不

自标其德，故曰“有德”。

② 〔下德不失德，是以无德〕下德者，不知有道，只知有德，故德出于有心，且紧紧抱住不放，故曰“无德”。

③ 〔攘臂而扔之〕攘臂：捋袖伸臂。扔之：强行用力拉扯。

④ 〔忠信之薄，而乱之首〕薄：此处有“缺失”之意。首：开端、起始之意。

⑤ 〔前识者〕从字面看，似指那些具有先见之明的智者，但揆诸文义，此处实乃专指那些认识水平停留在对礼的浅薄理解的上礼之人。

⑥ 〔华〕与实相对，指虚浮不实。

【今译】

真正拥有上德的人依道而行，无心加以标榜，所以真正有德。拥有下德的人只看重德的外在形式，因而实际上无德。拥有上德的人顺应自然，无心作为。上仁之人虽有所作为，但皆出于爱心，实乃无所为而为。上义之人有所作为，也有心作为。上礼之人强行作为，如得不到回应，就捋袖伸臂强行拉人服从。而这皆是由失“道”造成的。因此，失去道然后才强调德，失去德然后才强调仁，仁不能推行了，然后才强调义，义不能推行了，然后才强调礼。到了只强调礼的时候，正是忠实与诚信趋于浇薄的外现，是产生祸乱的兆端。那些仅对礼有着浅薄理解的上礼之人，违道悖德，弃朴失真，实为大道的末流，愚昧的开始。故大丈夫立身处世，以忠信为主，而不一味讲求礼节；以质朴为本，故舍弃浇薄浮华，而崇尚淳厚质朴。

【解说】

拥有“上德”的圣人并不认为自己有什么“德”，“德”只是“道”的呈化形式，是显现“道”的无限生命活力，其终极目的是让生命体存在的一切活动都体现出生命的本然面目，其内在意涵接近于老子在前面所说的“上善”“太上”。老子所谓的上古圣人，与道合一，与物同体，其一切“为”都要通过生命个体依道顺势地表现出来，使物各遂其生，德泽群黎，而不自视有德，故曰“不德”。而下德者，不知有道，只知有德，故德出于有心，且大力标榜，故曰“无德”。至若失德而后仁，失仁而后义，失义而后礼，则愈流愈下，皆为矫厉太过。故在老子看来，那些全然不解道为何物的所谓“前识者”，为自己的寡识偏见所缚，好高而务名，只不过是盗取了一点道的虚华，却矜功恃为，实在是皮相之见，故老子在章末大力强调道：“大丈夫处其厚不居其薄；处其实不居其华。故去彼取此。”

第三十九章

昔之得一者[1]：天得一以清，地得一以宁，神得一以灵，谷得一以盈[2]，万物得一以生[3]，侯王得一以为天下贞[4]。其致之也，天无以清将恐[5]裂，地无以宁将恐发[6]，神无以灵将恐歇[7]，谷无以盈将恐竭[8]，万物无以生将恐灭，侯王无以贵高将恐蹶[9]。

【注释】

① 〔昔之得一者〕此处的"一"主要指道的自性。旧注一般仅注为道，或道的整体同一性，似有失笼统。

② 〔谷得一以盈〕此处的谷指川谷。

③〔万物得一以生〕指世间形形色色的动植物，皆具有丰沛的生命活力，故能从无到有、从小到大地生长壮大。

④〔侯王得一以为天下贞〕侯王必须秉持公心，虚怀若谷，充分了解全体成员共同的愿望、共同利害，才能处理天下大事。按，此章从王弼本。帛书甲、乙本“贞”皆作“正”。沈善增认为：“贞”是会意字，本意是带着礼物去请人占卜，是用来决事的，而且，古代是不疑不卜，小事不卜，所以后来引申出“决大事”的义项。决大事首先要公正，又引申出“正”的意义。“为天下贞”就是为天下决大事。怎么能为天下决大事？就是要使个人的愿望、利害与全社会的愿望、利害完全融合，这样就能自然而然地代表全社会处理大事。这个“一”，指的是全社会整体的愿望与利害。

⑤〔恐〕恐怕。

⑥〔发〕古通“废”字。

⑦〔歇〕消失灭绝。

⑧〔竭〕干涸枯竭。

⑨〔侯王无以贵高将恐蹶〕蹶：挫折、失败。按，诸本此句后皆有“故贵以贱为本，高以下为基。是以侯王自称孤、寡、不谷。此非以贱为本邪？非乎？故致誉无誉。不欲琭琭如玉，珞珞如石”一段，但细加寻绎，本章所谈的是道体与天地万物之关系，而上面一段所谈的则是贵贱、高下等相对的关系，缺乏内在的逻辑关联，显系早期流传过程中因竹简错乱所致，故将此移入第二章“前后相随”后，

似乎更接近文本原貌。

【今译】

道虽虚无幽微，却自具道体的自性，体现在万物上，天具有自性而清明，地具有自性而宁静，神具有自性而灵验，川谷具有自性而充盈，万物具有自性而繁衍滋生，侯王具有自性而成为天下的楷范——这都是由于得到“一”这个道体的自性才能悉备。如果天不能据以清明怕会崩塌；地不能保持宁静怕要倾覆；神不能据以保持虚灵恐怕就要罢歇；川谷不能保持充盈怕要枯竭；万物不能繁衍滋生恐将灭绝；侯王如果不能秉持公心，虚怀若谷，充分了解民众的共同愿望、共同利害，并代表他们处理天下大事，政权恐怕就要颠覆灭亡。

【解说】

本章强调“一”，即物的自性。老子一贯认为，自然万物，只有自本自根，不假外力，才能永葆丰沛恒久的内在生命力。如果“以道视之”，这一切皆为“道”的整体同一性的化显之相。

从体道的角度看，作为为政者，必须持平等心、无差别心，破除各种庸识偏见，方能“得一”，这无疑是一个相当复杂的体认过程，而老子写本章的主旨，正在于接引为政者进入悟道之境。

第四十章

反[1]者道之动，弱者道之用。天下万物生于有，有生于无。

【注释】

①〔反〕相反、返归。

【今译】

“道”的运行反复循环，故返归是“道”的运行动向，“柔弱”是“道”发挥其功用的方式。天下万物都产生于“有”，而“有”却产生于“无”。

【解说】

本章旨在阐发道体、道动与道用三者的关系。道体有赖于道动与道用得以显示，道动与道用皆由道体而生。

老氏所谓“反”者，循环往复也。道的运动，就在于反复不已，所谓“大曰逝，逝曰远，远曰反”（第二十五章），正因为普运周流，回返不已，才能成就绵延不尽的生命。又，老氏在第十六章中将“反”谓之“归根”，此为返归自然、回复本性之意也，这一“自然律”正是天地万物共同遵守的法则。关于道用的“弱”，于老氏之书中在在可见，兹不赘言。

“天下万物生于有，有生于无”两句，历来误解丛生。其实，所谓“有生于无”，非谓“无”能生“有”，此“无”实乃“无之以为用”之“无”，取其虚空无欲之意。正是由于“道”以“无欲”为性，故以“有欲”为性的万物才会得到繁衍、生成。世界的统一性与丰富性，皆源于“道体”的无私无欲。

郭店楚墓竹简《老子》古抄本

第四十一章

上士闻道，勤而行之；中士闻道，若存若亡；下士闻道，大笑之。不笑，不足以为道。故建言①有之：明道若昧，进道若退，夷道若纇②。上德若谷，大白若辱③，广德若不足。建德若偷，质德若渝④。大方无隅，大器免成⑤。大音希声，大象无形，道隐无名。夫唯道，善贷⑥且成。

【注释】

①〔建言〕立言。此指古人所立之言。

②〔明道若昧，进道若退，夷道若纇〕夷：平坦。纇：指道

路崎岖不平。高明注："'明''昧''进''退''夷''纇'，语皆相偶而义皆相反。"

③〔辱〕即污点。

④〔建德若偷，质德若渝〕"偷"字在帛书甲、乙本都残缺，郭店竹简本亦缺，此取王弼本。王弼注："广德不盈，廓然无形，不可满也。偷，匹也，建德者，因物自然，不立不施，故若偷匹。"俞樾注："'建'当读为'健'。"《释名释言语》曰："健，建也，能有所建为也。"又，"建""健"音同而义亦得通。"健德若偷"言刚强之德，反若偷惰也。渝，《说文解字》解释为水变污，此处用的是本意，指污浊混沌。王弼注："质真者，不矜其真，故渝。"

⑤〔大方无隅，大器免成〕隅：角落，此处作棱角解。免成，王弼本为"大器晚成"，帛书乙本为"大器免成"，帛书甲本全缺失，郭店竹简本作"大器曼成"。按，老子摛藻为文，往往有一惯例，即一加"大"字则其义必相反或趋于虚化。如"方"为隅，而"大方"则"无隅"；"音"原有声，"大音"则"无声"；"象"原有形，"大象"则"无形"。由此推之，至"大器"则言"晚成"，非器之反义，误矣，故取帛书乙本作"大器免成"，"免"，不当作"晚"之借字解，而应作"无"解，"成"作"定（形）"解。此句意谓真正的大器没有固定的形状。由此可见，老子所谓"大方""大象""大音""大器"，皆为"道"之喻体，以有形喻无形也。

⑥〔贷〕帮助，给予。

【今译】

上士闻知了“道”，立即信奉而躬行；中士闻知了“道”，会觉得道似有似无，将信将疑；下士闻知了“道”后，由于不知“道”为何物，竟大加嗤笑，以为荒诞不经，这本不足为奇，如果不被这些下士嗤笑，“道”就不成其为“道”了！故而立言之人说道：明道之人，看上来倒像是很晦暗；进道之人，看上去倒像是在后退；走在平坦大道上之人，看上去倒像是正历经坎坷。上德之人，谦和虚静，好像低洼的川谷；内心纯净之人，看上去像是有污点；德行广大之人，毫不张扬，好像空无所有；刚健进取之人，遇事退让，好像怠惰不振；真正体证道体者，看上去却像与俗同流。最大的方形没有逼仄的边角，最大的器物没有形状，最大的声音听不到，最大的形象看不到。“道”幽隐而无名，莫可穷状；只有“道”，善于惠助万物得以长成。

【解说】

老子对上、中、下士的描述，自有分教在焉。上士为上根之人，志与道契；一有所闻，即力行之。若夫中士，则且信且疑，游移不决。而下士与道了不相蒙，闻道皆以为怪，且大笑之。两千多年来，“道”一直被多如过江之鲫的下士所嘲笑，足征道非下愚小智之人所能知，必具上根利智方能入也。至“明道若昧”以下数句，皆为古之立言者之词，老子引述之，以明相反之意。要之，圣人之广大难测者，以其恪遵大道也。夫唯有“道”，万物皆往资而不匮，化成万物而不遗，故曰“善贷且成”。

第四十二章

道生一，一生二，二生三，三生万物①。万物负阴而抱阳②，中气以为和③。

【注释】

①〔道生一，一生二，二生三，三生万物〕河上公注："道始所生者一也。一生阴与阳也。阴阳生和、清、浊三气，分为天、地、人也。天、地共生万物也。天施地化，人长养之也。"《淮南子·天文训》注："道始于一，一而不生，故分而为阴阳，阴阳合和而万物生。故曰'一生二，二生三，三生万物'。"

②〔万物负阴而抱阳〕意谓天地万物皆背阴而向阳。马其昶

注:“抱负，犹向背也。阳先阴后也。”

③〔中气以为和〕“气”为上古中国人的原始物质概念，此处之“中气”有“真气内充”之义。因这种“中气”存在于阴、阳之内，并非外界所赋予，故曰“二生三”。按，世传本在本段以下尚有“人之所恶，唯孤、寡、不谷，而王公以为称。故物或损之而益，或益之而损。人之所教，我亦教之。强良者不得其死，吾将以为教父”一段，从文义上看，与本章并无内在的逻辑关系，辞气亦不贯通，疑为错简所致，故移入第二章，于义方安。

【今译】

创生万物的“道”生化出一种浑沦的中气，这种中气化生出阴阳二气，阴阳二气不断地交合，产生出和气（“三”），这种和气又不断地创生并繁衍出万物。万物禀赋着阴阳二气不断地交合、激荡，从而生成新的和气，借以调和养育万物。

【解说】

本章旨在阐明“道”创生万物的次序——由同一性生出相异性，相异性生出和合性，此即“一生二,二生三”，揭示出万物作为阴阳对立统一体，莫不负阴抱阳，得遂其生，因其皆以冲虚为本也。

第四十三章

天下之至柔[①]，驰骋天下之至坚[②]。无有入于无间[③]。吾是以知无为之有益。不言之教，无为之益，天下希能及之矣[④]。

【注释】

①〔天下之至柔〕指水。

②〔驰骋天下之至坚〕指水无远弗届的穿透力。

③〔无有入于无间〕无形的水能渗入表面无缝隙的坚硬物体。

④〔天下希能及之矣〕王弼本、河上公本作“天下希及之”。帛书甲本作“天下希能及之矣”。希：罕也。《论语·公治

长》："怨是用希。"疏"希，少也"。

【今译】

水是天下最柔弱的东西，却能穿透天下最坚硬的物质实体。没有形状的水能够渗入没有缝隙的石壁。我由是体悟到"无为"的神妙。不执定见的教化，无为而治的益处，世间很少有人真正能够领会运用。

【解说】

本章旨在阐明"柔弱"、"不言"及"无为"之益，此等观念，不但与世人的思维定式相反，且极难妙传斯旨。有鉴乎此，老氏遂以"水"的渗透性作喻，化难为易，此乃东方哲学借"近取譬"以妙达其旨也。

又，"柔弱"、"不言"及"无为"皆为老氏专对侯王所言，其所谓"无间"，实即无欲，无欲可至于无为，而"有间"则有隙可寻，他人乃得乘间而投其所好，进而阴驭之，古之为君主者对此尤当警惕，此或为老氏斯章所最具深意之处。

第四十四章

名与身孰亲[①]？身与货孰多[②]？得与亡孰病[③]？甚爱必大费,厚藏必多亡[④]。故知足不辱[⑤],知止不殆[⑥],可以长久。

【注释】

① 〔亲〕亲近，此处引申为“贵重”。

② 〔身与货孰多〕货：此指财富。多：意为重要。奚侗注：“《说文》：‘多，重也。’此处可引申为重要。”

③ 〔得与亡孰病〕病：此指有害。范应元注：“名货得而身致危亡，孰为病邪？盖因贪名货而致身亡，必竟是身原无病，而名货致病也。”

④〔甚爱必大费，厚藏必多亡〕王弼本为：“是故甚爱必大费，多藏必厚亡。”“是故”二字，帛书甲、乙本皆无，郭店竹简本为：“甚爱必大费，厚藏必多亡。”现据郭店竹简本校正。甚爱：意谓过分贪求。河上公注：“甚爱色，费精神，甚爱财，遇祸患。所爱者少，所亡者多，故言大费。生多藏于府库，死多藏于丘墓。生有攻劫之忧，死有掘冢探柩之患。”

⑤〔故知足不辱〕王弼本与帛书本在此章无甚差别，唯王弼本在此句前并无“故”字，但从意脉上细加寻绎，在此句与上文之间确实构成了某种因果关系，故据帛书甲本、景龙碑本校定。辱：指屈辱侮慢。

⑥〔不殆〕没有危险。

【今译】

名誉与生命本身相比，哪一个更贵重？财产与健康相比，哪一个更重要？得到的名声、钱财与失去生命，哪一个对我更为有害？如果过分地爱惜名利，必招致极大的耗损；盲目地聚藏，最终必将造成惨重的损失。只有知足才不会遭受屈辱，只有知道适可而止才不会陷入险境，从而得享生命的平宁久长。

【解说】

老子在本章中提出了“知足”“知止”的理念，这显然是基于他所亲历的一次次惨痛的人生经验，所谓“贪夫徇财，烈士徇名”，真正能够彻悟“知足”“知止”之理的，洵属寥寥。但真正的得道之士必也不失其正，身、名、货、利横于前而不动心，且超然于得失、荣辱、存亡之上，此乃“无为”之征也。及以至是，中心粹然一私不有，则无所欲亦无所亡，不辱亦复不殆。对此，老子在第三十二章、第三十七章、第四十六章中亦曾论及。

第四十五章

大成若缺[①]，其用不弊。大盈若冲，其用不穷。大直若诎[②]，大巧若拙，大辩若讷。躁胜寒，静胜热[③]。清静以为天下正。

【注释】

① 〔大成若缺〕大：此处可作“最”解，以下几个“大”字皆可作此解。成：完满。

② 〔诎〕同“屈”。

③ 〔躁胜寒，静胜热〕躁：疾走。此句意谓快速奔跑可以承受严寒，平心静气可以承受暑热。“寒”与“热”是客观自然条件，“躁”与“静”是人对此自然条件的积极反应。

历来注家都将此处的“胜”字注为“战胜”“胜过”，揆诸文义，总觉扞格难通。对此，沈善增认为：“《说文》：‘胜，任也。’‘胜’到东汉许慎作是书时，本初义或当时流行义还是‘任’，这个义项，今天保留在‘胜任’一词中。”此论甚是，可从。

【今译】

最完美的东西，乍看上去好像有欠缺，但它的作用却不会穷竭。最充实的东西，乍看上去好像空虚，却发用无穷。最挺直的东西，乍看上去好像有点弯曲；最灵巧的东西好像有点笨拙；最好的辩才好像有点口拙。疾走可以承受严寒，守静能够承受炎热。圣人顺应天性，清静无为，故能成为天下人的楷模。

【解说】

本章从“大”者（大成、大盈、大直、大巧、大辩）着眼，而归结到“清静”，足见老子以此“建言”的作意。真正的“大”者，无不“若缺”“若冲”“若诎”“若拙”“若讷”（道体的形象），如是方能成其大，且发用无穷。明乎此，圣人清虚无为，顺应天性，自然能成为天下的表率。

第四十六章

天下有道，却走马以粪[①]。天下无道，戎马生于郊[②]。罪莫大于可欲，祸莫大于不知足，咎莫憯于欲得[③]。故知足之足，恒足矣[④]。

【注释】

① 〔却走马以粪〕粪：指肥料。此谓善治国者兵甲不用，却用马向田里运送肥料，以治农田。

② 〔戎马生于郊〕指战伐不止。按，古代作战，通常都用公马，不用母马，因公马身强力壮，四蹄生风，极利作战。而“戎马生于郊”，则显然是指母马——这表明战况之惨烈，已无公马可用，故母马也被征发入阵，甚至连驹犊也不得不生于

战地之郊。

③〔罪莫大于可欲，祸莫大于不知足，咎莫憯于欲得〕咎：作“灾难”解。按，罪是罪恶，祸是祸患，咎是灾难，揆诸文义，一个比一个严重。憯：痛也。刘师培注：“《解老》篇此语上文云：‘苦痛杂于肠胃之间，则伤人也憯，憯则退而自咎。’即释此‘憯’字之义也。‘憯’与‘痛’同，犹言祸莫痛于欲得也。”又，此段王弼本只有两句：“祸莫大于不知足，咎莫大于欲得。”兹从帛书甲本。

④〔恒足矣〕高明注：“恒足”原本如此，后为“常足”，后因避汉文帝讳改“恒”字为“常”。

【今译】

由于战争止息，天下归于王道，人民便会驱使健硕的战马在田野里精耕细作；当天下无道时，兵连祸结，充作战马的母马也要在阵地上生驹。由此可见，身为君主，其最大的罪过就是纵容物欲，最大的祸患就是不知满足，最大的灾难就是贪得无厌。所以，唯有自足于已获得的富足，才是真正的、长久的富足。

【解说】

本章通过“却走马以粪”与“戎马生于郊”这两种画面、场景的强烈比照，深刻揭示出“知足”与“不知足”的不同结果，旨在告诫为政者当知所戒惧，绝不能逆道而行。地位越高，权力越大，越当“知足”，庶免蹈入唯意志论的悲剧。

第四十七章

不出于户，以知天下①；不规于牖②，以知天道。其出弥远，其知弥少③。是以圣人不行而知，不见而名，弗为而成。

【注释】

① 〔不出于户，以知天下〕王弼本作“不出户，知天下”，兹从帛书本。按，揆诸老子的原意，此句应理解为：以“不出于户”作为“知天下”的前提。下句属意亦同。

② 〔不规于牖〕规：王弼本作“窥”，此从帛书本。规，据段玉裁《说文解字注》云：“从夫见，会意，丈夫所见也。”牖：门窗。

③〔其出弥远，其知弥少〕此二句似乎难以按字面作解，实则颇有至理存焉。在老子看来，对大道的把握，不能仅靠对外部事物的观察与从书本得来的间接经验，还必须靠内心的体悟，故往往需要封闭外来的信息通道，使心神专注于一，内观反省，不假外求，以期实现认识上的飞跃。对此，近人严复曾有所阐述，颇能发人之所未发，其曰："其知所以弥少者，以为道日损故也，夫道无不在，苟得其术，虽近取诸身，岂有穷哉？而行辙五洲，学穷千古，亦将但见其会通而统于一而已。是以不行可知也，不见可名也，不为可成也，此得道者之受用也。"

【今译】

对于得道之人来说，他足不出户门，就能知晓天下事理；眼不望窗外，就能体悟天道。反之，出门越远，所知越少。所以圣人不需出门外求，就能通晓天道；不需亲见，就能洞悉万象；不需要刻意作为，就能取得成功。

【解说】

本章所强调的是体道之法，重在内观反省，不假外求。作为内功高深的冥修内观者，老子通过"正自形、调气息、摄心意"（即所谓调身、调息、调心）而"入静""入定"，从而进入神人合一的超越之境。及以至是，纵使"不出于户""不规于牖"，凭借着冥修内观之功，同样能够"知天下""见天道"。此一理路，常人殊难知解，但对于具有超理性的冥修洞悟能力的老子来说，其“耳目精明玄达而无诱慕，气志虚静恬愉而省嗜欲，五藏定宁充盈而不泄，精神内守形骸而不外越，则望于往世之前，向视于来事之后，犹未足为也”（《淮南子·精神训》），故能“不行而知，不见而明，不为而成”，此种境界，岂是常人所能幸致？

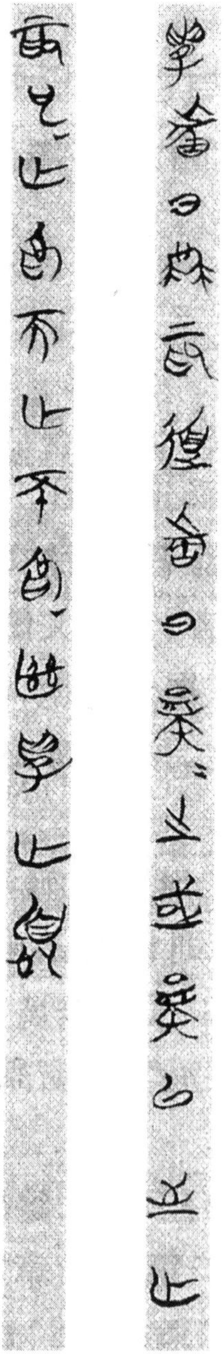

郭店楚墓竹简《老子》古抄本

第四十八章

为学日益，为道者日损[①]。损之又损，以至于无为。无为而无不为[②]。取天下，恒无事；及其有事[③]，不足以取天下。

【注释】

① 〔为学日益，为道者日损〕王弼本作“为学日益，为道日损”。帛书甲本中此段全部缺失，乙本为：“为学者日益，闻道者日云（毁）。”郭店竹简本为：“学者日益，为道者日（损）。”几个版本意义接近。兹从郭店竹简本。

② 〔损之又损，以至于无为。无为而无不为〕蒋锡昌注：“上行无为，则民亦自正，而各安其业，故无不为也。”按，此

处的“无为”言其因，“无不为”言其果。

③〔事〕此指戎事。所谓国之大事，在祀与戎。在春秋之时，有事于太庙，祀事也。入陈入郑，戎事也。《春秋左传·宣公十二年》书：“伐叛，刑也；柔服，德也。二者立矣。昔岁入陈，今兹入郑，民不罢劳，君无怨讟，政有经矣。”

【今译】

求学者的知识一天比一天增加，而修炼道法者的情欲却一天天减损，减损而又减损，最终就达到“无为”的境地。达到这样的境界，各复其根而不知，一切依道而行，万物各遂其性，这样的“无为”也就没有什么不能作为。治理天下也理应如此，如果总想着“有为”，就治理不好天下了。

【解说】

由于老氏文字简古，其意几难通解，此章其例也。欲揭橥个中深旨，有必要举出《庄子·在宥》篇中的一段话与之参印：“万物云云，各复其根，各复其根而不知。浑浑沌沌，终身不离。若彼知之，乃是离之。无问其名，无窥其情，物固自生。”庄子此语，实乃对老子此章最透辟的阐释。“为学”者的知识固然一天天增加，修道者的情欲却在一天天减损，在庄子看来，倘若再“损之又损”，人们就可以“各复其根而不知。浑浑沌沌，终身不离”。如果“彼知之”，反而会“离之”。唯其“不知”，方能“无问其名，无窥其情，物固自生”，最终达至“无为而无不为”的境地。

可发一慨的是，自老子出关后，随着诸子百家的蜂起，世间的一切似乎都已被“道”化了，但大多是借为道之名，行逆道之实，导致了文化无可避免的衰落。逮至今日，科技革命已然取得了日新月异的飞速发展，这正是“为学”的成果。但与此同时，科技革命的“负面效应”也开始凸显，尤其是近一二百年来“科技”的畸形发展，岂止是“揠苗助长”，简直已到了“竭泽而渔”的地步，不少有识之士深感“道”的缺失，遂将目光投向了老子哲学。老子所揭示出的“道法自然”“玄德”（“生而不有，为而不恃，长而不宰”）等伟大理念，以及在此统驭下的“无为”“无事”思想，与当代系统观、整体观是完全一致的。基于这种现实语境，我们理应对老子“为学日益，为道日损”“无为而无不为”等深刻思想作出与时代精神相契合的全新阐发。

第四十九章

圣人恒无心[①]，以百姓之心为心。善者，吾善之；不善者，吾亦善之；德善。信者，吾信之；不信者，吾亦信之；德信也[②]。圣人在天下，歙歙焉[③]，为天下浑心[④]。百姓皆属耳目焉，圣人皆孩之[⑤]。

【注释】

① 〔圣人恒无心〕此句各文本颇有相异之处。王弼本、河上公本、傅奕本、范应元本皆作“圣人无常心”。帛书乙本作“圣人恒无心”，兹从帛书乙本。所谓“圣人恒无心”，即不固执一己之心，而以“百姓之心”为转移。陈柱注：“此民主之义更明矣。”

②〔善者，吾善之；不善者，吾亦善之；德善。信者，吾信之；不信者，吾亦信之；德信也〕此从王弼本。此段与第二十七章“善人者，不善人之师；不善人者，善人之资”属意正复相同，旨在具体阐发何为“以百姓心为心”。河上公注：“百姓为善，圣人因而善之。百姓虽有不善者，圣人化之使善也。百姓德化，圣人为善。百姓为信，圣人因而信之。百姓为不信，圣人化之使信也。百姓德化，圣人为信。”

③〔歙歙焉〕形容圣人俭啬无欲之状。

④〔为天下浑心〕意谓百姓混沌无欲，正是由于沐受了圣人的“无为”之化。

⑤〔百姓皆属耳目焉，圣人皆孩之〕此句王弼本作“百姓皆注其耳目，圣人皆孩之”。此从帛书甲本。帛书乙本“属”作“注”。韦昭注曰：“‘属’犹‘注’也。‘属’‘注’二字同谊（义），乃谓百姓皆注意使用耳目体察世情，以智慧判断是非，犹若王弼注云：‘各用聪明。’”圣人皆孩之：不少注家皆遵循旧注，照字面解释为圣人怜爱百姓，而以无识无知之孩婴养教之。陈鼓应则将此句译为：“有道的人使他们都回复到婴孩般直纯的状态。”各家众说纷纭，究竟当以孰说为是呢？于是检诸各本，除“孩”之外，尚有作“咳”“骇”者，不一而同。因帛书甲乙本此字已残毁，原为何字已无从辨识，故不必强作解人。又，高明尝释“孩”为“阂”，并云：“《说文》：‘外闭也。’”反观上文“圣人在天下，歙歙焉，为天下浑心”，似当以高明所说为是。

【今译】

圣人治理国家，往往没有固定的成见，一切以百姓的意愿为意愿。百姓善良的，圣人自然会善待；不善者，圣人也会善待他们，使得其善良，这样就人人向善了。百姓讲求诚信的，圣人自然信任；不讲求诚信的人，圣人也同样信任，这样就会使人人归于诚信。由于圣人内敛谦让，质朴无欲，百姓也都虔心信服，内心归于浑朴。百姓如竞相用其耳目聪明，圣人则极力导引他们进入原先那种无知无识的浑朴状态。

【解说】

本章的重心在于阐发为政者如何能够成为万民信服的表率，“以百姓心为心”。此为本章之关捩所在，蕴含着极其可贵的反对专制极权的民本思想。在老子看来，除“百姓心”外，更无任何可以凌驾于其上者，即使是“不善者”，“吾亦善之”，“不信者”亦然。老氏并非不谙生有不齐、品类各异之理，此乃昭著大善大信于天下，将大而化成之也。唯其“以百姓心为心”，不存可欲，故万物皆归之，无往而不自得，必也如是，百姓即使“皆属耳目”，圣人也会致力于使他们回归到婴孩般无知无识的浑朴状态。如是作解，全章文义自然贯通。

第五十章

出生入死[①]。生之徒[②]十有三，死之徒十有三；而民生生[③]，动皆之死地之十有三。夫何故也？以其生生也[④]。盖闻善摄生者，陵行不避兕虎，入军不被甲兵[⑤]；兕无所投其角，虎无所措其爪，兵无所容其刃。夫何故也？以其无死地焉[⑥]。

【注释】

①〔出生入死〕可解释为出门谋生或参军作战。

②〔徒〕指徒众。

③〔而民生生〕此处的“生生”意谓壮大生命力，拓展生存空

间，与下文不同。

④〔夫何故也？以其生生也〕此从帛书甲本。按，老子用“生生”一词，往往有表达厚自奉养之义。前一个“生”字为动词。

⑤〔陵行不避兕虎，入军不被甲兵〕按，兕虎猛兽，当处山陵，不居陆地，此从帛书作“陵行”。兕：古书上指雌性的犀牛。

⑥〔兕无所投其角，虎无所措其爪，兵无所容其刃。夫何故也？以其无死地焉〕王弼注：“善摄生者，无以生为生，故无死地也。”

【今译】

世人出门谋生与上阵作战身入死地而侥幸存活的，约占十分之三；殒命沙场者，约占十分之三；本来可以长寿却由于过分追求长寿或其他原因过早死去的，也约占十分之三。这究竟是为什么呢？归其因，主要是不少人过分养生、纵欲无度之故。我曾听说善于养护生命的人，在深山里行走不避犀牛老虎；在军阵中不披铠甲不带兵器。犀牛虽凶，其锐角却无物可顶；老虎虽威猛，其利爪却无物可抓；兵刃虽锋利，却无处可入。这究竟是为什么？就因为善于养生的人，自身没有可能致命之处。

【解说】

此章主旨在于要民重死，反对过分养生。“盖闻”以下，老子用了在“善摄生者”身上可能会出现的三种情况（之所以说是“盖闻”，因老子并未亲见亲历，足见先哲立言之周谨），颇有深意寄焉。盖凡声色犬马、骄奢淫逸、放纵邪侈，较之有形的兕虎、兵刃，其危害何啻千倍！唯有安神静气，循道顺天，方可全生。虎爪犀角，固然锐利，其奈尔何？！

第五十一章

道生之，德畜之，物形之，器成之①。是以万物尊道而贵德。道之尊，德之贵也，夫莫之爵而恒自然也②。道生之、畜之、长之、育之、亭之、毒之③、养之、覆之。生而不有，为而不恃，长而不宰。是谓玄德④。

【注释】

① 〔器成之〕王弼本为“势成之”。帛书甲、乙本都为“器成之”。高明校注:“‘器’‘势’古读音相同，可互相假用，但是彼此意义不同。……按今本‘势’字注释，恐皆未达老子本义。按物先有形而后成器。《老子》第二十八章‘朴散则为器’。《周易·系辞上》‘形乃谓之器’皆‘形’‘器’同语

连用。从而可见，今本中之‘势’应假借为‘器’。当从帛书甲、乙本作‘器成之’。”

② 〔夫莫之爵而恒自然也〕此句王弼本作“夫莫之命而常自然”，兹从帛书本、楼古本、敦煌诸本。又，据纪昀、成玄英等考证，王弼本在宋版《道藏》中原来的“命”亦作“爵”。“爵”字在此当作动词解，有“封爵”“赐爵”之义。意谓道德所以尊贵，非为世俗所封之品秩爵位，其虚静无为，任万物之本能，按照自然规律而发展。此之尊贵，殊非世俗品秩、爵位所能比也。

③ 〔亭之、毒之〕此从帛书乙本。亭之、毒之：即成之、熟之的意思。高亨在《老子正诂》中解：“亭当读为成，毒当读为熟。”

④ 〔玄德〕指幽奥的隐而不宣的上善之德。刘文典先生对此论道：“老子政治哲学的精义，也就是中国古代最高的政治理想，据我看，只有三句话，就是‘生而不有，为而不恃，长而不宰’。但照我的看法，老子这三句话，不仅是老子政治哲学的精义，并且是老子哲学的中心思想，贯穿于老子的宇宙观，人生观和社会观。”

【今译】

“道”创生万物，“德”养育万物，万物开始呈现出各种形状，自然的变化之势使其成熟。因而万物都尊道而重德。道之所以被尊重，德之所以被重视，就在于它创生万物而从不对其命令式地加以干涉，只是顺应万物以符合自己天性的方式生长、发展。以故，道创生万物，德养育万物，使众生成长、发育以至成熟，使之老有所养、死有所葬。它化育万物而不据为己有，作育万物而不自恃有功，普惠万物生长而不任意加以主宰，这就是精微玄妙的德。

【解说】

本章着力阐发一个要旨，即“道”“德”之所以尊贵是由于其能够创生万物，这具体体现为“生而不有，为而不恃，长而不宰”——此足征《道德经》乃生命哲学的重要特征。为政者要得到民众的拥戴，自当效法此“玄德”，“行无为之事”，其告诫警示之义，于此昭昭可见。

第五十二章

天下有始[①]，以为天下母[②]。既得其母，以知其子；既知其子，复守其母，没身不殆[③]。塞其兑，闭其门，终身不勤[④]。启其兑，济其事，终身不救[⑤]。见小[⑥]曰明，守柔曰强。用其光，复归其明，无遗身殃，是为袭常[⑦]。

【注释】

①〔始〕起始、本始、本源。此即指道。

②〔母〕即根源、根本。道为天下万物之母。

③〔殆〕危险。

④〔塞其兑，闭其门，终身不勤〕俞樾云："'兑'当读作'穴'。"此与"闭其门"文义同。此从王弼本。

⑤〔启其兑，济其事，终身不救〕启：开。兑：此指私欲。济：益也，指情欲之事。范应元注："倘开其耳目鼻口之所悦，以济其一心所欲之事，则神明失而终身不可救矣。"

⑥〔见小〕指洞察幽微。

⑦〔袭常〕袭：因袭。常：有利于生命活动的常道。"袭常"意为继承道法之常。

【今译】

天下万物都有个本源，这个本源就是"道"。"道"创生万物，堪称天地万物之母。既然知道了万物的本源（"母"），就会知道由它创生的万物（"子"）；既然知道了天地万物，就应返回去坚守万物的本源（"母"），这样就终生不会有危险。堵塞利欲的洞穴，关闭利欲的大门，终身都没有忧虑。相反，如果打开利欲的孔道，助长欲望的产生，则终身不可救药。能够洞察幽微才叫作"明"，能够持守柔弱才叫作坚强。运用道的光照，复归于道的澄明，不给自身带来灾殃，这就叫作遵循道法之常。

【解说】

本章言体道之方。由于万物皆资始于道，故曰天下有母；而物从道生，故为子。子守其母，即用不离体之意。体用两全，动静不二，故能“没身不殆”。又，“塞其兑”“闭其门”，皆言内修也。收视返听，内照独朗，外物自难扰其中。然则，向外张驰易，明道守柔难。既难而守，方可曰“强”。

第五十三章

使我介然[①]有知，行于大道，唯施[②]是畏。大道甚夷，而人好径[③]。朝甚除，田甚芜，仓甚虚[④]；服文采，带利剑，厌饮食，财货有余[⑤]；是为盗夸。非道也哉[⑥]！

【注释】

① 〔介然〕此处有“微小”之意。《扬子法言》曰：“升东岳而知众山之峛崺也，况介丘乎？”

② 〔施〕为“迆”之通假。本意为斜行，引申为斜道旁径。

③ 〔大道甚夷，而人好径〕王弼本为“而民好径”。帛书甲本

为“民甚好解（径）”，乙本为“民甚好懈（径）”。高明校注：“‘懈’乃‘解’字之古形。‘径’与‘解’字古音相同，可互相假用，在此‘径’为本字。《说文彳部》：‘径，步道也。’（道路不能容车，故称步道）步道自成，多弯曲不直，俗谓羊肠小道，正与‘大道甚夷’对文。”王弼注：“言大道荡然正平，而民犹尚舍之而不由，好从邪径，况复施为，以塞大道之中乎？故曰大道甚夷，而民好径。”按，古代“人”“民”通用。但此处“人”亦指为政者，似不宜作“民”，故从唯景龙碑本。

④〔朝甚除，田甚芜，仓甚虚〕除：为“储”之通假。意为由于统治者过度积聚财富，致使田芜仓虚。《韩非子·解老》篇云：“朝甚除者，狱讼繁也。狱讼繁则田荒，田荒则府仓虚。”

⑤〔服文采，带利剑，厌饮食，财货有余〕此指贵族生活。

⑥〔是为盗夸，非道也哉〕前文的“服”“带”“厌”“有余”，皆有炫耀之意，故曰“盗夸”。范应元注：“惕𡡉官吏，方且服文采之衣，带鉴利之剑，文非文而不恤下，武非武而不卫民，假法为非，瘠民肥己，餍饫美异之饮食，积聚有余之货财，此皆劫录剥于人以恣纵于己，是谓为盗，而夸张自大，岂道也哉。”

【今译】

假如我稍微有点知识，在大道上行走，此时最为担心的，便是误入歧途。大路极为平坦，而人们却好走捷径。由于为政者穷奢极欲，造成农田荒芜，仓库空虚，而那些王公贵族却身着锦绣的华服，佩带锋利的宝剑，餍足精美的酒食，囤积着用不尽的金银财宝，这好比强盗头子自炫豪奢，实在是大悖道法啊！

【解说】

此为《道德经》中最具民本立场与个性锋芒的一章。如果我们回到老子所处的那个历史语境，本章中所针对的那些王公贵族，“服文采，带利剑，厌饮食，财货有余”，皆为其祖上以开疆拓土的功绩所换来的，并非全然不合“礼义”，而老子却怒斥其为“盗夸”，否弃了这些王公贵族坐享其成的合法性，同时也批判了为政者的“好径”行径——这在当时，不啻是石破天惊的正义话语。如此犀利的站在民本立场上的批判锋芒，在中国历史上并不多见。此后，庄子“彼窃钩者诛，窃国者为诸侯”“圣人为大盗守”之类的言论，若迹其由来，皆可于此寻其端倪。从这个意义上说，老子绝非一位不食人间烟火、消极遁世的隐者。

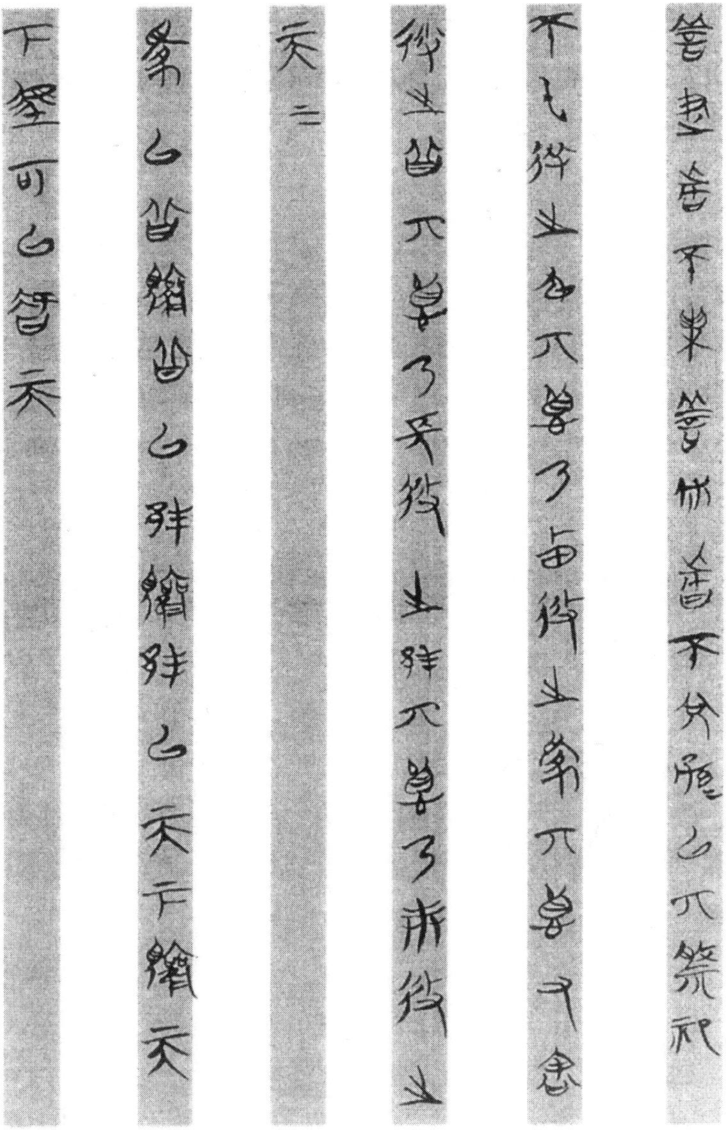

郭店楚墓竹简《老子》古抄本

第五十四章

善建[①]者不拔，善抱[②]者不脱，子孙以祭祀不绝[③]。修之于身，其德乃真；修之于家，其德乃余；修之于乡，其德乃长；修之于邦，其德乃丰；修之于天下，其德乃普[④]。故以身观身，以家观家，以乡观乡，以邦观邦，以天下观天下。吾何以知天下然哉？以此。

【注释】

① 〔建〕为“键”之通假，在此有“锁藏”之意。《礼记·乐记》有“名之曰建”，郑玄笺：“键，言闭藏兵甲也。”

② 〔抱〕为“怀藏”意。《韩非子·和氏》：“和乃抱其璞而哭于楚山之下。”“抱璞”即“怀玉”，后引申为怀才不遇。

③ 〔绝〕王弼本作“辍”。此从帛书甲、乙本。

④ 〔修之于身，其德乃真；修之于家，其德乃余；修之于乡，其德乃长；修之于邦，其德乃丰；修之于天下，其德乃普〕此处的“真”“余”“长”“丰”“普”皆是对“德”的形容，且有递增的关系。

【今译】

深植于内心的道德，不可拔除；守持于心中的大道，不会失落。及以至是，便可泽及子孙，永享子孙的祭祀。在个体生命方面虔心修道的，其德行一定非常真纯；在治理家族时虔心修道的，其德行一定非常宽仁；在治理乡政时虔修此道的，其德行一定非常广大；在治理邦国时虔修此道的，其德行一定非常充盈；在治理天下时虔修此道的，其德行一定能够普惠四方。因此，要从修道之身观照人身，以此推广到一家，可看出这个家的状况；推广到一乡，可看出这一乡的状况；推广到邦国，可看出这个邦国的状况；推广到天下，可看出天下的状况。我怎么会知道天下的原委呢？就是根据这个道理。

【解说】

离开修身而谈道德，不啻痴人说梦。故老子在本章开首便提出“善建者不拔，善抱者不脱”，同时也主张由修身将德推广到家、乡、国、天下。不过，对冥修内观之功甚深的老子来说，离开修身体道而论治国，何异于空谈？所谓“道之真以治身，其绪余以为国家”（《庄子·让王》），儒道两家在这一点上的精神取向颇为不同。

第五十五章

含德之厚者，比于赤子①。蜂虿虺蛇弗螫，攫鸟猛兽弗搏②；骨弱筋柔而握固，未知牝牡之合而朘怒，精之至也③。终日号而不嗄，和之至也④。知和曰常，知常曰明。益生曰祥⑤，心使气曰强。物壮则老，谓之不道，不道早已。

【注释】

① 〔含德之厚者，比于赤子〕王弼本无“者”字，郭店竹简本、帛书乙本皆有“者”字，帛书甲本此处缺失。按，此句以“赤子”为喻，极赞其天真未凿，无施无为，不现其德，故曰“含德之厚”。着一“者”字，似更合乎文义。

② 〔蜂虿虺蛇弗螫，攫鸟猛兽弗搏〕蜂虿：指有毒性的虫。虺蛇：指有毒性的蛇。攫鸟：指以爪喙搏斗的禽。猛兽：指虎豹豺狼之属。“蜂虿虺蛇”与“攫鸟猛兽”皆出自帛书甲、乙本，系由四个双音连用词语组成的对文。“弗螫”与“弗搏”亦为由否定动词词组构成的对文，可视为未曾被窜改的《道德经》原文。按，对于婴孩，“蜂虿虺蛇弗螫，攫鸟猛兽弗搏”，这与现代人的生活经验似有出入。但在老子那里，则是不容置疑的经验事实。老子拈举上述两个来自亲身经验且不无神秘感的意象，借以比喻“含德之厚者”——由此透发出老子所肇创的生命哲学的一个重要观念，即任何生命个体皆以初生时为最好，“物壮则老”。道家的“元神”之说即本于此一观念。

③ 〔骨弱筋柔而握固，未知牝牡之合而朘怒，精之至也〕握固，河上公注为“持物坚固，以其意心不移也”；“握固不泄”后来成为道家房中术的一条重要原则。“朘怒”一句与此同一机杼，都是指男性婴儿之生殖器自然坚挺勃起，此乃男婴精气极为充沛的表现。

④ 〔终日号而不嗄，和之至也〕《集韵·怪韵》：“嗄，气逆也，或作噎。”按，由于赤子之气淳和，故而终日号哭，而气不逆滞。

⑤ 〔益生曰祥〕益生：指过分养生。祥：王弼注为“灾祸”。《道德真经取善集》引孙登曰：“生生之厚，动之妖祥。”又引舒王曰：“此‘祥’者，非作善之‘祥’，乃灾异之‘祥’。”易实父谓“祥”即“不祥”。

【今译】

积德深厚的人，可以用初生的婴孩作比喻。他柔弱冲和，一团元气，连蜂虿毒虫都不蜇他，凶禽猛兽都不侵害他。他的筋骨虽然柔弱，小拳头却握得很牢固。虽然不知道男女交合之事，小阳具却常常勃起，且很坚硬，这是精力至为充沛的表现。他整天号哭喉咙却不沙哑，这是气血极其调和的结果。能够认识这个调和的道理叫作常道，认识这个常道叫作清明。纵欲享受、过分养生就会产生灾殃，以有欲之心役使精气而妄为叫作逞强。任何事物一旦壮大了就会走向衰老，因为这不合常道。不合常道的东西注定会过早夭亡。

【解说】

本章以婴儿为喻，极言柔弱的优越性，可视为老子生命观的哲学表述。婴儿初生时，无知无欲、一派天机，正所谓“含德之厚”。基于此，老子奉告世人当以“知常”为要，调心制欲，养其气而护其身。倘若不知撙节，纵欲恣性，食、色、饮酒，皆大悖至精至和之常度，结果“益生”于外，自虐于中，生命之气力因内耗而潜衰，非但不能“尽形寿”，且速其老死，此即老氏所谓“不道”，而“不道早已”，此正自然之常理。

第五十六章

知者不言，言者不知①。塞其兑，闭其门；挫其锐，解其纷，和其光，同其尘②，是谓玄同③。故不可得而亲，不可得而疏；不可得而利，不可得而害；不可得而贵，不可得而贱。故为天下贵④。

【注释】

①〔知者不言，言者不知〕“知”当解作“智”。河上公注：“知者贵行，不贵言也。驷不及舌，多言多患。”范应元注：“道不可知，不可言。知者知其不可知，不可言，故不言也。言者是不知其不可知，不可言，故言也。然则五千余言，岂非言乎？此老氏忧后世溺于言辞，而不能反身而求

之于此心之初，故令人因言以求意，得意则忘言，要在乎体而行之也！”

② 〔塞其兑，闭其门，挫其锐，解其纷，和其光，同其尘〕按，前二句曾见于德经第五十二章，后四句曾见于道经第四章。故有学者认为此段经文为衍文，但高明认为“从帛书甲、乙本观察，乃同文复出，非衍文也”。至于笔者的意见，见诸第四章注释②。

③ 〔玄同〕更高、更深层次的同一。

④ 〔故不可得而亲，不可得而疏；不可得而利，不可得而害；不可得而贵，不可得而贱。故为天下贵〕此段经文各种版本含义大体一致。高明曰：“‘不可得’犹言‘不得’或‘不使’，因义而训。如‘不可得而亲，亦不可得而疏’，犹言不得与其亲，也不得与其疏。”窃以为高氏此语还是有点语焉不详。在此，关键是要弄清“不可得”后面的省语。揆诸全章，此处似应补上“权势”二字，文义方为完足。

【今译】

有大智者绝不多言，多言者是缺乏大智的表现。堵塞利欲的洞穴，关闭利欲的大门，收敛锋芒，消除纷扰，隐藏光芒，混同俗尘，这就叫作“玄同”。人的修养达至这种完全超然物外、淡泊无为的境界，就不会因为得到权势而使人亲近，也不会因此使人疏远；既不会因此而给人带来特殊利益，也不会因此而加害于人；既不会因此而尊贵，也不会因此而低贱。以故，他才会被天下所推崇。

【解说】

本章从“不言”到“塞其兑，闭其门；挫其锐，解其纷，和其光，同其尘”，皆为阐明修道之法。及以至是，方能“不可得而亲，不可得而疏……”。所“不可得”者，皆为修道之效用。达到这种与道同体的“玄同”境界，故能“为天下贵”。

第五十七章

以正治国[①]，以奇用兵，以无事取天下。吾何以知其然哉？以此：夫天下多忌讳[②]，而民弥贫；民多利器，国家滋昏[③]；人多伎巧[④]，奇物滋起；法令滋彰[⑤]，盗贼多有。故圣人云：我无为而民自化，我好静而民自正，我无事而民自富，我无欲而民自朴[⑥]。其政闷闷，其民惇惇；其政察察，其邦夬夬[⑦]。

【注释】

① 〔以正治国〕意谓用清静无为的正道治理国家。

② 〔忌讳〕即禁令、戒条。

③〔滋昏〕意谓愈治愈乱。

④〔伎巧〕此指智巧。

⑤〔滋彰〕即繁多而森严。

⑥〔我无欲而民自朴〕诸本至此结束。兹将原在第五十八章之首的四句移至此处，不仅文气畅达，于义亦安。按，此四句原在两段之衔接处，显系错简所致。

⑦〔其政闷闷，其民惇惇；其政察察，其邦夬夬〕此四句出自帛书甲本，兹从之。闷闷：昏暗不明之状，此喻治国清静无为。惇惇：形容民众朴实，憨厚之状，《说文》有“惇，厚也”。察察：原为清明、洁白之意。《楚辞·渔父》曰：“安能以身之察察，受物之汶汶者乎？”此处引申为“严明”，借喻法令之繁苛。夬夬：王弼本作“缺缺”。高亨注曰：“‘夬’‘缺’均借为‘狭’。‘狭’与‘狯’同，狡诈也。”王弼释曰：“言善治政者，无形，无名，无事，无政可举，闷闷然，卒至于大治。故曰‘其政闷闷’也。其民无所争竞，宽大淳淳，故曰‘其民淳淳’也。立刑名，明赏罚，以检奸伪，故曰‘其政察察’也。殊类分析，民怀争竞，故曰‘其民缺缺。’”

【今译】

用正道治国，用奇术用兵，用自然无为的方法治理天下。我怎么知道会是这样的呢？就是因为：天下的禁令越多，民众动辄得咎，日趋贫困；民众的权诈越多，国家就会愈加难以治理；人们竞相追求神工奇技，奇异古怪的物品就会日益增多，而统治者对取用之物就会益加奢侈，欲望必然会越来越大；法令越是繁苛，越是会束缚民众的自由，民众被逼得难以生存，盗贼也就会日益剧增。所以圣人说：“我无为而治，人民自然会顺应归化；我崇尚清静，人民自然会保持纯朴；我不妄施教令，人民自然会按照自己的意愿去追求富裕；我戒除嗜欲，人民自然归于纯朴。”为政者治国如果清静无为，民众自会归于纯朴；为政者如果怀有机诈之心，且政令繁苛，民风自然会日趋浇薄。

【解说】

本章具体阐发治国安邦之道。所谓“无为”“好静”“无事”“无欲”，这些与“用兵”之“奇”迥不相同，故开首称为“正”，人民正是在“正道”的感化下，方能“自化”“自正”“自富”“自朴”。至若“天下多忌讳，而民弥贫；民多利器，国家滋昏；人多伎巧，奇物滋起；法令滋彰，盗贼多有”诸语，严词崇论，足征卓识。随着文明的演进，祸患亦以是而益深；法令律条愈繁，则盗贼奸伪更起，此种恶性循环，皆为施政者治标而未图治其根本也。

第五十八章

祸兮福之所倚，福兮祸之所伏。孰知其极？其无正也。正复为奇[①]，善复为妖[②]。人之迷，其日固久。是以圣人方而不割，廉而不刿[③]，直而不肆，光而不耀。

【注释】

①〔正复为奇〕意谓方正的变成反常的。

②〔善复为妖〕善良的变成邪恶的。

③〔廉而不刿〕廉：锐利、锋利。刿：刺伤。按，帛书乙本无“圣人”二字，兹从王弼本。

【今译】

灾祸中往往隐藏着幸福，而幸福中则又潜伏着灾祸。谁知道其中的究竟呢？政治是没有绝对的是非标准的，在一定的条件下，正常的可能会转化为反常的，善良的会变为奸邪的。长期以来，人们都昧于其中的道理！因此，圣人虽方正严明却不戕贼人，虽有廉棱但不伤害人，虽刚毅耿直却不放肆，虽正大光明但不炫耀自傲。

【解说】

际值春秋末世，诸侯坐大，兵连祸结。蒿目斯时之种种乱象，老子深感祸福无常，奇正无端，是非无定，而大多数人只知求福而避祸，却不解二者相互转化的道理。于是邪说四起，卜筮、星命之风盛兴。老氏遂有"人之迷，其日固久"之叹。然而，圣人立身行道，循理尽分而已，原不计一己之福祸也，故始终守常以应变，所谓"不割""不刿""不肆""不耀"者，非谓其畏祸而保福，实乃不害其为方、为廉、为直、为光也——老氏的上述理念，对中国人的处世方式影响綦巨。

第五十九章

治人事天，莫若啬①。夫唯啬，是谓蚤②服。蚤服谓之重积德，重积德则无不克，无不克则莫知其极，莫知其极可以有国。有国之母可以长久。是谓深根固柢、长生久视之道。

【注释】

①〔啬〕此处指珍惜资源，有简约、蓄积之义。

②〔蚤〕通“早”。

【今译】

治理人事、侍奉天帝，最好的方法莫过于珍惜资源、蓄积精神，唯有如此，才能及早归于正道。归于正道就叫厚于积德，厚于积德就无往不胜，无往不胜就无人能知道他力量的极限，无人能知道他力量的极限就可以治理国家。秉有治国的根本之道就能使国家政权长治久安——此乃使国家根基稳固、生生不灭的根本大道。

【解说】

“治人事天”全在一个“啬”字。此一“啬”字，与墨子所谓“强本节用”之说略近却未必尽合。因为在老氏的语境里，“啬”还包括冥修体道、蓄积精神等最终达至“深根固柢，长生久视”的境地的意涵。

有关“啬”的理念，在《老子》中凡数见，如在第二十九章中，老氏亦强调要“去甚，去大，去奢”，因为“甚”“泰”“奢”都是反“啬”的。

第六十章

治大国，若烹小鲜。以道莅[①]天下，其鬼[②]不神；非其鬼不神，其神不伤人；非其神不伤人，圣人亦不伤人[③]。夫两不相伤，故德交归焉[④]。

【注释】

①〔莅〕原为“到来”之意，此指治理国家。

②〔鬼〕在先秦时鬼是神，为君民所共同膜拜的偶像。

③〔圣人亦不伤人〕伤：在此有“伤害”“妨碍”“干涉”之意。按，历来各注本都将“伤”望文生义地释为“伤害”，终嫌牵强。揆诸此章全文，“鬼”与“圣人”之所以不“伤

（害）人”，其前提皆为“以道莅天下”；反过来说，若无“以道莅天下”这一前提，“鬼”与“圣人”原是“伤（害）人”的，汗漫疏卤，一望而知，纵强饰以为玄解，终难自圆其说。

④〔故德交归焉〕旧注本大多从韩非子“言其德上下交盛，而俱归于民也”（《韩非子·解老》）之说，从字面上对此句作望文生义的译解：如“这样就各得归宿，天下太平了”“终于互相返归于道”等。导致这种误译的关键就在于对“归”字的理解。细加寻绎，“归”在此应通“馈”，《朱训》曰：“归，借为馈。”《说文》解“馈，饷也”，为进食于人的意思。《仪礼·聘礼》有“归饔饩五牢”，郑玄注：“今文归或为馈。”由此可见，“归”在此当作“祭祀”“供奉”解，用其引申义也。又，“德”者，得也。龙本、敦煌辛本“德”正作“得”。所谓“德交归焉”，意即“鬼神和有道明君正因为从不妨碍民众的生活，故能得到民众的供奉”。

【今译】

治理大国好像烹煎小鱼一样，如果翻动太多，极易破碎，治理大国亦同此理，如果政令繁苛，只会使人民不堪其忧。用清静无为之道治理天下，天下的鬼神就不显现神通；不是鬼神失去了神通，而是鬼神不再用神通来妨碍民众的正常生活。非但鬼神不妨碍民众的生活，有道的君主也不会干涉民事。及以至是，鬼神和有道明君都会得到民众的供奉。

【解说】

本章以烹调小鱼为喻，阐明“无为”之益。治理大国，尤当采用“无为”之策，天下由是以道而立，而“圣人”乃为治国之侯王而明圣者。圣人居明，鬼神为幽，幽、明俱不妨碍民众的正常生活，故都会得到民众的供奉。

第六十一章

大邦者下流也，天下之牝[①]。天下之交也，牝恒以静胜牡。为其静也，宜为下。大邦以下小邦，则取小邦；小邦以下大邦，则取于大邦。故或下以取，或下而取。故大邦者，不过[②]欲兼畜人；小邦者，不过欲入事人。夫皆得所欲，大者宜为下。

【注释】

① 〔大邦者下流也，天下之牝〕下流：意谓“下而流”，有谦恭处下之意。本句是用雌性动物以守静的姿态吸引雄性动物作比。

② 〔不过〕意谓“不过分”“不过头”，隐含“谦下”之意，并

非今人所谓“只不过”之意。

【今译】

作为大国，应当保持谦下的姿态，这样人们就会像江河下游的水一样趋附于它，像是动物中的雌性。动物在交媾时，雌性常以安静姿态承纳雄性。因为它宁静，故宜于保持谦下的姿态。同理，大国如能对小国谦下，就可取得小国的信任；小国对大国谦下，就能取得大国的包容。因此，有的是以谦下的姿态使人来归附，有的是以谦下的姿态向人归附。大国对小国谦下，是想兼收并容之；小国对大国谦下，是想归附之。两者都达到了目的，而作为大国的一方应当特别注意保持谦下的姿态。

【解说】

本章旨在阐明大国与小国的相处之道，端在谦下、柔弱。所当措意者，小国为下，则其名固皆居下，故谦下殊易；而大国势强力胜，实无所下，要其谦下则难。故老氏在章末强调“大者宜为下”，此乃上策也。因大国若一味恃强凌弱，必将引发天下叛离，终不免于灭亡也。

第六十二章

道者万物之注[①]也，善人之宝也，不善人之所保[②]也。美言可以市尊，美行可以加人[③]，人之不善，何弃之有？故立天子，置三卿，虽有共之璧以先四马[④]，不若坐而进此。古之所以贵此者何也？不谓求以得，有罪以免与。故为天下贵。

【注释】

① 〔注〕世传本作“奥”，显系后人所改。此从帛书本。“注”原指古代博戏中的投掷行为。此处当读为“主”。《礼记·礼运》有“故人以为奥也”，郑玄注：“‘奥’犹‘主’也。”

② 〔保〕此处有“防御”之意。《庄子·盗跖》曰：“小国入保。”

③〔美言可以市尊，美行可以加人〕此二句诸本皆作“美言可以市，尊行可以加人”，不仅句型有失规整，亦不合老子协韵成文的行文习惯。从语义上看，似乎也不甚清通。俞樾有鉴乎此，指出：“《淮南子·道应训·人间训》引此文并作‘美言可以市尊，美行可以加人’，是今本下脱‘美’字。”奚侗、张松如等注家考证后亦认为，此句应断在“尊”后，而且各文本在“行可以加人”前脱一“美”字。此外，劳健还从协韵的角度指出：“二句以尊、人为韵，必当如《淮南》无疑。”此两句按以上注家之见进行调整后，细加茗味，不仅上下文语意通达合理，句型严整，且更符契老子协韵成文的语言风格。故从《淮南子·道应训》及以上注家考证意见。

④〔虽有共之璧以先四马〕王弼本作“拱璧”，此从帛书甲本。按，“共”在此作“恭”解，意为动词“进贡”，与“坐而进此”之“进”语义近似。

【今译】

道是指导人们行为的根本大法，犹如人们所拥有的博戏投注，善人极其看重它，因为它是可以获取更大利益的法宝。而不善之人，则如盗贼入侵，自当注意防范。由于修道的圣人拥有谦德，故说出来的美好言辞足可赢得他人的尊重，所为之事亦会增加人望。对于那些不善者，圣人亦当视同自己不善，又怎能把他们抛弃呢？所以说，拥天子，设置三卿，虽有进贡的玉璧在先、四马在后的尊贵，还不如坐而修道。古人为什么要尊崇显现道的谦德呢？不正是因为它有求既可得道，有罪亦可赦免吗？所以道实在是天下最为尊贵的。

【解说】

本章主要是以道的视角论述谦德。“天子”“三卿”“璧”“四马”，皆礼之上者也，但在老子的视界里，“不若坐而进此”。“此”者，谦德也。德者，得也。故老子又云“求以得”。

至于“人之不善，何弃之有？”一语，若细加寻绎，盖因圣人无己，故“恒善救人”，虽人之不善，亦犹己不善；而于己必不弃，则于人亦必不弃。从知老子之为教，实乃仁爱之教也。

须加措意的是，随着历史语境的丕变，老子当年所提出的谦德，已然有异化为虚伪的倾向，但谦德的真理性永远不会过时。事实上，谦德是对人性美的一种称许，是对人与人之间如何和睦相处的一种规律性的总结。尤其对年轻人而言，在充分张扬个性、强调职场竞争的同时，是否也应当加深一下对谦德的认识呢？相信这将大有利于改进人际关系，助推事业的发展——毕竟谁都喜欢与谦德之人为友，而无人愿意与一个不懂谦德、狂悖无礼的人共处。

第六十三章

为无为，事无事，味无末[①]。大小多少[②]，报怨以德。图难于其易，为大于其细。天下难事，必作于易；天下大事，必作于细。是以圣人终不为大，故能成其大。夫轻诺必寡信[③]，多易必多难。是以圣人犹难之[④]，故终无难矣。

【注释】

① 〔味无末〕末：指可以做菜的嫩叶。无末，即可以做菜的嫩叶尚未生长出来，此处用引申义，指事物尚未滋盛的萌芽之状。按，王弼本等世传本均作“味无味”，此从帛书甲本。

② 〔大小多少〕此四字不易贯解。姚鼐认为：“‘大小多少’下有脱

字，不可强解。”朱谦之则解释道：“‘大小多少’，即下文‘天下难事，必作于易；天下大事，必作于细’之说，谊非不可解。”高亨则认为：“大小者，大其小也，小而以为大也。多少者，多其少也，少而以为多也。视星星之火，谓将燎原，睹涓涓之泉，云将漂邑，即谨小慎微之意。”是耶非耶，姑录之以俟公论。

③〔夫轻诺必寡信〕意谓轻易承诺容易失去信用。

④〔犹难之〕“难”在此为意动用法，意犹始终认为存在困难。王弼注：“以圣人之才，犹尚难于细易，况非圣人之才，而欲忽于此乎？故曰‘犹难之’也。”似可参酌。

【今译】

以“无为”作为创建初始基业的根本，掌控尚未发露之机，探究事物尚未滋盛的萌芽之状。为政者当见微知著，以恩德来回报怨恨。图谋解决困难，要从容易处入手；着手重大的问题，要从细小处开始。这正是圣人的英明之处。因为天下的难事都是由容易解决的小事积聚而成，天下的大事都是由细微的业绩累积而成。正因如此，圣人始终不以能成就大业而自得，故能成就大业。一个人轻易许诺，势必会因难以兑现而失信；做事总是贪图轻易省力，势必会遇到重重困难。而圣人总会感到并重视困难的存在，所以始终不会遇到什么不可解决的难事。

【解说】

本章专论圣人究竟如何“为”。所谓大小难易，皆相对而言。

"易"往往有轻慢之意，而"难"则有畏惧止步之嫌。圣人自当戒轻、戒躁、戒盈、戒伪，举事慎重，视细若大，此即所谓"圣人犹难之，故终无难矣"。

又，在本章中，最难通译者为"大小多少"四字，因其直承"为无为，事无事，味无末"而来，故需将此四字锚定在这一语境下细加寻绎，却不必强作解人。盖因此四字旨在使全文贯气，且于文字腠理间生发出一种幽奥难言的"味外之旨"，此种笔路最能体现老子文章的简括高古之妙。依笔者之妄揣，老子既极推"为无为"，故大、小、多、少，皆无不可，不必一一坐实所指究为何物也。故对此四字可像循诵佛经之真言与咒语那样，但当持诵，依例不释。

"图难于其易，为大于其细"十字，乃此章之警策所在。在凡事都要做大做强、追求轰动效应的时下，老子的这十字箴言特别具有现实的针对性。

章末三个"难"字并出，此乃老子所专擅的异训并列修辞法之妙用。

第六十四章

其安易持，其未兆易谋，其脆易泮[①]，其微易散。为之于未有，治之于未乱。合抱之木，生于毫末[②]；九层之台，起于累土；千里之行，始于足下[③]。民之从事，常于几成而败之。慎终如始，则无败事。是以圣人欲不欲，不贵难得之货；学不学[④]，复众人之所过；以辅万物之自然，而不敢为[⑤]。

【注释】

① 〔泮〕散开、破解。此处作“破裂”解。

② 〔毫末〕刚刚长出的嫩芽。

③〔千里之行，始于足下〕诸本在此句后面还有一段文字：“为者败之，执者失之。是以圣人无为，故无败；无执，故无失。”此段接在“始于足下”后面甚觉突兀，于逻辑上亦无内在关联，且在第二十九章已出现过相同的字句（如“为者败之，执者失之”），显然此处系错简所致。又，细检竹简本，此段并不与本章相连，而是作为另一章处理，足征其原不在此处。这一点不少注家都曾注意到，惜乎并未作出相应的调整。又，“千里之行”，帛书甲、乙本均作“百仞之高”，兹从王弼本，取其俗成也。

④〔学不学〕前一“学”字为学习之意，后一“不学”，有教训之意。

⑤〔以辅万物之自然，而不敢为〕此章诸本差异不大，只在个别字词上略有出入。兹从王弼本，亦取其俗成也。

【今译】

事态在安定的局面下容易守持，情势在未出现变化的征兆时容易筹划。脆弱的东西容易破裂，细碎的东西容易散失。治理政事，一定要在事情尚未萌芽之前就未雨绸缪，要在祸乱未发生以前就早作防范。合抱的大树是从嫩芽上生长起来的，九层高台是由一篑篑土堆筑起来的，千里远行是从脚下的第一步开始的。众人行事，往往在接近成功时遭遇失败。如果事情在临近成功时仍能像刚开始时那样谨慎小心，依道而行，就不会失败。因此，圣人以无欲为欲，不看重稀有的货物，学习众人所疏略的，补救众人离道悖本所犯的过错，借以辅助万物的自然发展，而不敢强行作为。

【解说】

本章承接上篇，进一步阐发圣人究竟应当如何“为”的问题，强调在“未有”“未乱”的基础上，“慎终如始”。此与孔子“毋意，毋必，毋固，毋我”可谓同一机杼，发用盛大矣。

在本章中，老子还取资于其久阅春秋的历史经验，提出了“其未兆易谋”这一重要思想，此类适例，可谓史不绝书。多少雄才英杰，挫敌忾于樽俎，决胜算于千里，建大功立大业，以措国家于磐石之安，若溯其由来，皆得之于先机也。此亦足征“其未兆易谋”，洵非虚论。

第六十五章

古之善为道者，非以明民，将以愚之。民之难治也，以其智多。故以智治国，国之贼；不以智治国，国之福。知此两者亦稽式[①]。常知稽式，是谓玄德。玄德深矣、远矣，与物反也，乃至大顺[②]。

【注释】

① 〔稽式〕衡量事物的法则。

② 〔乃至大顺〕王弼本等通行本在“乃至大顺”前有“然后”二字，此与老子那种极度凝练浓缩的文风多有未合，故从帛书本删之。

【今译】

古代善于以道治邦的君主，并不是要民众精明机巧，而是极力使民众归于纯朴。民众之所以难于治理，就是由于他们有太多的智巧心机。以故，以智谋来治理邦国，是邦国的灾祸；不以智谋治理邦国，是邦国之幸。能否正视这两种治邦法则的差别而作出正确的取舍，是考量君主是否贤明的一个重要标准。能够自觉守持这一法则，就是一个君主的玄奥之德。玄奥之德深藏不露，却影响久远，与众人通常的价值取向正好相反，依循它就可以使国事大顺，进而达到天下大治。

【解说】

“非以明民，将以愚之”，此句历来注家皆有误。究其因，就在于将“明”“愚”作使动用法理解，即“使民明”“使之愚”，如是作解，就构成了老子有“愚民思想”的一条罪状，与孔子作为乱世权宜之计的所谓“民可使由之，不可使知之”视作同一挞伐之具。但细加寻绎，老子此言与注家们所解之义大相径庭，其要旨不外是在向君主发出告诫：治邦之道，务在使民众归于纯朴，而不是日趋精明机巧。

此章还强调为政者治国之要，当以朴实谦下为本，切忌以智巧治民。果能如此，则民自化、自正、自富、自朴（见第五十七章），为邦自福矣。

第六十六章

江海之所以能为百谷王者，以其善下之，故能为百谷王。是以圣人欲上民[①]，必以言下之；欲先民，必以身后之。是以圣人处上而民不重[②]，处前而民不害。是以天下乐推而不厌[③]。以其不争，故天下莫能与之争。

【注释】

① 〔是以圣人欲上民〕此句王弼本无“圣人”二字，竹简本与帛书本则有，此从之。

② 〔重〕指负担沉重。

③〔是以天下乐推而不厌〕意谓天下人都乐于拥戴而不厌弃。河上公注："圣人在民上为主，不以尊贵虚下，故民戴而不为重。圣人在民前，不以光明蔽后，民亲之若父母，无有欲害之心也。圣人恩深爱厚，视民如赤子，故天下乐推进以为主，无有厌也。"此真解老之言。

【今译】

江海之所以能够汇集百川，是由于它善于处在低下的地位，所以能成为百川之王。因此，圣人要想处在人民上面，就必须在言辞上对人民表示谦下；要想居万民之前，就必须将自身的权益摆在人民后面。正因如此，当有道之君身处高位时，人民并不感到负累，处在人民前面，而人民并不感到有危害。因此，天下人都乐于拥戴而不厌弃他。圣人由于不争，故而天下无人能够与他相争。

【解说】

本章以江海为喻，极赞圣人之德、之量。江海之所以能为百谷王，因其常就下，而圣人又何尝不乐于居下也？故此章的关捩所在，只在强调圣人贵在"处下"。此一理念，老子在第七章、第六十八章也曾有过申发。要之，圣人依道而行，誉之不喜，毁之不怒，自具不争之德。此所谓"不争"，非指争强斗狠而言，而是蕴含着恪守大道、心不驰竞于物之意。唯其如此，故虽"不争"，而"天下莫能与之争"。

第六十七章

我恒有三宝[①]，市而宝之。一曰慈，二曰检[②]，三曰不敢为天下先。夫慈，故能勇；检，故能广[③]；不敢为天下先[④]，故能为成器长[⑤]。今舍其慈且勇，舍其检且广；舍其后且先，则死矣！夫慈，以战则胜，以守则固。天将建之，如以慈垣之[⑥]。

【注释】

① 〔我恒有三宝〕诸本在此句前尚有一段文字，为"天下皆谓我道大，似不肖。夫唯大，故似不肖。若肖，久矣其细也夫"。因与下文毫无逻辑上的接续关系，故可推知此系错简误植所致。陈鼓应亦发现此一问题，惜未作出必要的调整。

若对此章细加寻绎，似以调整到第三十四章末为宜。

② 〔检〕王弼本作“俭”，此从帛书本。“检”的本义是在古代装文书的木盒上贴封条，引申为约束，又引申为自我节制，此与“治天事人莫若啬”之“啬”语义相同，指收敛秘藏、自我约束，非止“俭约”一意。

③ 〔夫慈，故能勇；检，故能广〕《说文》：“勇，气也，从力，甬声。”《段注》：“勇者，气也，气之所至，力亦至焉。”但揆诸文义，此处的“勇”系针对君主而言，故当作“果决”解，因君主之勇并不表现为“气、力”之强壮，而是体现为决策的果断，富有魄力。至于“慈”何以“能勇”，因为得到了民众的支持。与此相埒的是，“检”之所以能“广”——广意谓财物增多，国力强盛，是因为君主有德，谦和自牧，故能使万民归附。

④ 〔不敢为天下先〕此即“欲上民，必以言下之；欲先民，必以身后之”“后其身而身先，外其身而身存”之意。

⑤ 〔器长〕意为万物之首。

⑥ 〔天将建之，如以慈垣之〕王弼本作“天将救之，以慈卫之”，此从帛书本。按，“垣”在此系名词动用，有“环卫”“保卫”之意。

【今译】

长期以来，我一直拥有三件法宝，我掌握它们并紧紧守护着它们：第一件叫作慈爱，第二件叫作检点，第三件叫作不敢领先于天下之人。由于慈爱，才能得到民众拥戴，故而勇于决断大事；由于检点，民众来归，国土、人口才能不断扩大、增长；由于不敢领先于天下之人，才能做百官的首领。如果舍弃慈爱而只想独断专行，舍弃检点而只想增强实力，不肯居后而只想领先，那必定是死路一条。三宝之中，慈爱最为重要，用其作战必能取胜，用其防守必能牢固。上天将要建立的，必将用慈爱把它护卫起来。

【解说】

本章旨在阐明三宝——“慈”“检”“不敢为天下先”的功用。慈者，爱也，谓仁惠加于人。此天地间之正道，遵此正道，又何所畏惧而失勇？检者，自我节制也。王弼本等通行本皆作“俭”，仅有“节俭”之义，不若“检”字意蕴丰厚，故从帛书。“不敢为天下先”，此义出自大《易》。“不为先”，故不争；不争则从容而善为，必可大成，所谓后之以发，终于为长也。

在此三宝中，“慈”之所以居第一，因其为德之元也。

第六十八章

善为士者不武，善战者不怒，善胜敌者不与[①]，善用人者为之下。是谓不争之德，是谓用人之力，是谓配天古之极[②]。

【注释】

① 〔不与〕不正面发生冲突。

② 〔是谓配天古之极〕帛书本被断为“是谓配天，古之极（也）”。俞樾认为，本章句句有韵，而最后三句应以德、力、极为韵。故不宜从天字断开。可从。

【今译】

善于用兵的，不恃强力逞现勇武。善于作战的，不会轻易被激怒。善于克敌制胜的，不与敌人正面交锋。善于用人的，对人谦和，甘居人下，这就叫作不与人争胜斗气的德行，叫作善借他人的力量，因其与天道相符，故自古以来就被奉为终极准则。

【解说】

本章以战争为例，阐明“不争”“为之下”之理。此理虽简易，行之却难。因两方恃气而斗，愤然相争，何况率大兵会猎于疆场。然则，《孙子·谋攻》篇说：“上兵伐谋，其次伐交，其次伐兵，其次攻城。”又云：“是故百战百胜，非善之善也，不战而屈人之兵，善之善者也。”欲实现此“善之善”的目的，唯有伐谋一途，故老子的“不争”“不武”“不与”“为之下”之法，实乃最高的伐谋取胜之道。无怪乎有论者称老氏为兵家，而《道德经》为军事宝典。

第六十九章

用兵有言：吾不敢为主而为客[①]，不敢进寸而退尺。是谓行无行[②]，攘无臂[③]，执无兵，乃无敌[④]。祸莫大于无适[⑤]，无适近亡吾宝矣。故抗兵相若，则哀者胜矣[⑥]。

【注释】

① 〔吾不敢为主而为客〕为主：指主动进攻。为客：指采取守势进行防御。

② 〔行无行〕虽有阵势却又像没有摆出阵势。

③ 〔攘无臂〕虽捋袖却不挥动手臂。

④〔执无兵，乃无敌〕乃：王弼本作“扔”，然帛书甲、乙本均作“乃”。楼宇烈《王弼集校释》云：“此‘乃’字为‘扔’之借字，而本章注‘乃无敌’，当以‘乃’本字用。”意谓无人与之为敌也。此说甚是。又，此句王弼本作“扔无敌，执无兵”，似有失韵之病。老子惯以协韵为文，此处的“敌”与上面的“臂”隔句为韵，殆无疑义。故从帛书本。

⑤〔无适〕适：归也，此谓人心归向。按，帛书甲本作“无适”，帛书乙本作“无敌”，王弼本作“祸莫大于轻敌”。细察文义，此句前面的论旨是通过战争来强调“不争”“谦下”之德与“慈爱”精神，之所以择取用兵而不开战的“上善”之策，正是因为“祸莫大于无适”（即民心归向问题），这同样是在强调“不争”、“谦下”与“慈爱”，故从帛书甲本。

⑥〔则哀者胜矣〕哀：《说文》解为“闵也”，怜悯之意，此引申为“爱”。此处有“被爱”“被同情”之意。

【今译】

古代用兵存在这样的先例：我方不主动进攻，挑起战端，而宁可被动应对，不前进一寸而宁可后退一尺。这就是说，虽有行阵，却像没有阵势可列；虽捋袖却不挥动手臂；虽有威慑，却不凭兵器。用兵如此，就没有可与匹敌的对手。祸患没有比民不归心更大的了。民不归心，无异于我所拥有的法宝都丧失殆尽。如果两军旗鼓相当，那么拥有慈爱之心并获得同情的一方必胜。

【解说】

本章紧承前两章，在阐发“不争”“谦下”之德的基础上，着重强调“慈”。所谓“不敢为主而为客，不敢进寸而退尺”、“行无行，攘无臂，执无兵”，皆出于“慈”。正因为“慈”，故“抗兵相若，则哀者胜”，这与孟子所谓“仁者无敌”(《孟子·梁惠王》)，属意正复相同。

第七十章

吾言甚易知，甚易行；天下莫能知，莫能行。夫言有宗①，事有君②。夫唯无知也，是以不我知。知者希，则我贵矣③。是以圣人被褐而怀玉④。

【注释】

①〔言有宗〕宗：指本源。

②〔事有君〕指行事必有所本。一本作“事有主”，兹从帛书乙本。

③〔则我贵矣〕王弼本作“则我者贵”。此从帛书乙本。

④〔被褐而怀玉〕被褐：身着粗布衣服。怀玉：意谓腹藏丰厚

的学识。王弼评曰："被褐者，同其尘。怀玉者，宝其真也。圣人之所以难知，以其同尘而不殊，怀玉而不渝，故难知而为贵也。"

【今译】

我的主张很容易懂，也很容易实行。但天下人都被私欲蒙蔽，竟无人能懂，更无人能去实行。其实，我的言论都有本源，我的行事都有根据。但世人由于缺乏智慧，所以也就不理解我。理解我的人越少，我反而显得越发稀贵了。所以圣人虽然外穿粗布麻衣却怀藏美玉。

【解说】

道者，无为自然而已。故老子在第四十七章说"不出户，知天下"，隐然有道"甚易知"之意。在同一章中老子又说，道"不为而成"，则又隐然有道"甚易行"之意。又，圣人外同其尘，内守其真，"言有宗，事有君"，知行皆不失于道。至若怀玉而不现，乃天爵自尊，自明其贵。人不知之，则愈显其尊贵。

第七十一章

知不知，尚矣；不知知，病矣[①]。是以圣人之不病，以其病病[②]，是以不病。

【注释】

①〔知不知，尚矣；不知知，病矣〕此从帛书乙本。“知”“智”二字古代通用，今当写作“知不智，上矣；不知智，病矣”。“尚”通“上”。按，王弼本在此句后作“夫唯病病，是以不病。圣人不病，以其病病，是以不病”，词义重复，语句颠倒，大失老子古朴简括之风格。细检帛书甲、乙本，皆无“夫唯病病，是以不病”两句，故削之。

②〔病病〕病：在此可释为“缺失”。又，此处第一个“病”字

为名词动用，即把“缺失”正视为“缺失”。第二个“病”字为名词。

【今译】

能洞晓自己的无所知，这是最高的智慧；明明无知却自以为无所不知，这是最大的无知。圣人之所以没有这种缺失，是因为他把这种缺失当作缺失，且时怀忧惧，所以就不会有这种缺失。

【解说】

不智而自以为智，圣人最忌此病，故守之以“玄默”，不言而智。孔子亦谓：“吾有知乎哉？无知也。”由此可见，唯有大智者，才知自己“无知”。倘若无知不智，却自以为智，乃大病也。圣人最患此病，故终无此病。

第七十二章

民之不畏畏，则大畏将至矣①。无狎②其所居，无厌③其所生。夫唯弗厌，是以不厌。是以圣人自知而不自见也，自爱而不自贵也④。故去彼取此。

【注释】

①〔民之不畏畏，则大畏将至矣〕此句王弼本作“民不畏威，则大威至”。对此，陈鼓应认为：“‘畏威’的‘威’作威压讲，‘大威’的‘威’指可怕的事，作祸乱讲。”故应译作：“人民不畏惧统治者的威压，则更大的祸乱就要发生了。”如此作解，显然有悖老子“太上，下知有之”“成功遂事，而百姓谓我自然”的政治理想，故从帛书甲、乙本。按，“民

之不畏畏”，第二个“畏”系名词，指的不是所谓统治者的“威压”，而是百姓本能地感到可怕的事情（如贫、病、灾、祸、饥馑、战争、刑罚、死亡等），假如百姓连这些都不感到害怕，甘愿铤而走险，那就预示着社会出现大问题了。明乎此，我们也就不难理解老子在下文中为何力倡为政者对民众要“无狎其所居，无厌其所生”了。类似的观点，老子在第七十五章中亦有申发，可与此参印。

② 〔狎〕原意为亲近。此处引申为逼迫、挤压。

③ 〔厌〕此处有“阻塞”之意。

④ 〔是以圣人自知而不自见也，自爱而不自贵也〕此从帛书甲本。王弼本无两处“而”字与两处“也”字。

【今译】

如果民众到了连应当畏惧的事情都不畏惧的地步，那就预示着大的祸乱就要降临。所以，为政者不要挤压民众的居住空间，不要堵塞民众的谋生之路。唯其如此，民众才不会厌恶统治者。所以，圣人自知身居万民之上，故处处谦抑退让，不求自我表现，只求自爱而不自视尊贵。圣人总是舍弃后者而保持前者。

【解说】

本章旨在倡导“圣人之治”。为政者当以仁爱惠民，“无狎其所居，无厌其所生”，居上而民弗重，自会受到民众的拥戴；既受拥戴，居上者不自表曝，不自矜贵，则天下相胥以乐矣。若一味以苛刑暴政压迫民众，民众自会铤而走险、“不畏畏”地造反革命。故孔子谓“苛政猛于虎”，儒、道两家，其治国为政之理念固有分殊，然其对暴政之憎恶则一也。

第七十三章

勇于敢则杀，勇于不敢则栝[①]。此两者或利或害。天之所恶，孰知其故？天之道[②]，不争而善胜[③]，不言而善应，弗召而自来，坦然而善谋。天网恢恢，疏而不失[④]。

【注释】

① 〔勇于敢则杀，勇于不敢则栝〕勇：《玉篇·力部》解“果决也”。敢：《说文》解“进取也”。杀：一种利箭。《周礼·考工记·冶氏》：“杀矢，用诸田猎之矢也。”郑玄注：“冶氏为杀矢。”栝：古代射箭器的机件。《庄子·齐物论》：“其若发机栝。”成玄英疏：“机，弩牙也；栝，箭栝也。”按，此二句

王弼本作“勇于敢则杀，勇于不敢则活”，由此产生诸多误解，而通常的解释是：“勇于刚强就会死亡，勇于柔弱就能存活”，于是给人一种老子“怕死贪生”的印象，可谓厚诬老子矣。

② 〔天之道〕指自然法则与规律。按，王弼本在“天之道”前尚有“是以圣人犹难之”一句，联系上下文看，文意并不顺达连贯，大概是注文羼入正文，故从帛书乙本删之。

③ 〔不争而善胜〕此句帛书乙本为：“不單（战）而善朕（胜）。”按，老子虽主张“不争之德”，但只是为了“善利万物”，而不是主张以“战”为手段达到“胜”的目的。老子一贯反对“有为”，主张“不战”“不言”“不召”的“无为”法则。所谓“无为”法则就是按照事物本身规律去行动。只有如此，才能“善胜”“善应”“自来”“善谋”。

④ 〔天网恢恢，疏而不失〕《说文》：“恢，大也。”此言天之网罗甚大，天道赏善罚恶，毫分不爽。世之为人君者，宁可不知所惧乎！

【今译】

果决，从积极的方面看就像利箭，从消极的方面看则像射箭器。这两者的利害关系殊难一言以断。天所厌恶的，谁知道究竟是什么缘故？天之道大概是这样的：不去争斗却能取胜，不发表言论却善于采纳高见，不召唤而万物自动归附，必须竞争时则善于谋划。天道的功用如同一张广大无边、无所不包的网，它看上去虽然稀疏，却不会漏失任何东西。

【解说】

本章的主旨在于阐发天道的特性与效用。其“不争”“不言”“弗召”（特性），语义指向皆为“无为”。而“善胜”“善应”“自来”“善谋”（效用），语义指向则是“无不为”。末句以“天网”为喻，意谓天鉴昭明，善恶感应，毫发不爽，其最终之所以“不失”，盖因无所逃于时、空、因果律也。

第七十四章

若民恒且畏不畏死，若何以杀惧之也[①]？使民恒且畏死，而为畸[②]者吾得而杀之，夫孰敢矣？若民恒且必畏死，则恒有司杀者[③]。夫代司杀者杀，是代大匠斫也[④]。夫代大匠斫，则希不伤其手矣[⑤]。

【注释】

① 〔若民恒且畏不畏死，若何以杀惧之也〕此从帛书乙本，王弼本作“民不畏死，奈何以死惧之”，两本差距较大。按，民何以“轻死”，作为执政者，如何“使民重死”，如何正视民“畏不畏死”（即在“畏死”与“不畏死”之间游移徘徊）的问题，一直是老子十分关注的。河上公

注："治国者刑罚酷深，民不聊生，故不畏死也。治身者嗜欲伤神，贪财杀身，民不知畏之也。人君不宽刑罚，教民去其情欲，奈何设刑法以死惧之？"苏辙注："政烦刑重，民无所措手足，则常不畏死，虽以死惧之，无益也。"所论极是，可谓深知老氏者。

② 〔畸〕指歪门邪道。

③ 〔若民恒且必畏死，则恒有司杀者〕此句意谓民众如有犯罪以律必死者，则常由专管司法的人进行惩治。按，帛书甲、乙本经文"不畏死"、"畏死"与"必畏死"三层意义条理分明，足征老子原本当如帛书有"必畏死"一句，王弼本将此句脱漏，使上下经文脱节。又，王弼本"常有司杀者杀"一句首脱"则"字，句尾衍"杀"字，致使文义晦涩难解，显必有误，均当据帛书本补正。河上公注："司杀者谓天，居高临下，司察人过。天网恢恢，疏而不失也。"

④ 〔夫代司杀者杀，是代大匠斫也〕斫：砍杀。奚侗注："人君不能以道治天下，而以刑戮代天之威，犹拙工代大匠斫也。"苏辙注："非天之所杀，而吾自杀之，是代司杀者杀也。代大匠斫则伤其手矣，代司杀者杀，则及其身矣。"

⑤ 〔则希不伤手矣〕希：罕有。河上公注："天道至明，司杀有常，犹春生夏长秋收冬藏，斗杓运移，以节度行之。人君欲代杀之，是犹拙夫代大匠斫木，劳而无功也。人君行刑罚，犹拙夫代大匠斫木，则方圆不得其理，还自伤其手。代天杀者失纪纲，还受其殃也。"

【今译】

假如民众总是在生死之间犹豫不决，那么，如何能以死刑等迫使他们畏惧呢？要是能使民众总是怕死，那么，我把肇事者抓起来处以极刑，谁还敢不缩手？假如要使民众始终怕死，那就应当长期设置专管施刑的司法官。要是代替司法官去执掌刑罚，就像不会木工手艺的人去代替高级工匠砍伐木头制作车轮，而作为替代者，很少能不伤及自己的手。

【解说】

本章旨在告诫为政者不可用苛刑暴政残杀民众，要由“司杀者杀”。倘若对民众施以苛刑暴政乃至代天杀人，皆出于为政者一己之好恶，民众就会铤而走险，由“重死”变为“轻死”，引发无穷祸患。又，如果统治者“代司杀者杀”，大悖天道，残民以逞，其为害又岂止“伤其手矣”！老子久阅春秋之世乱，故有此痛慨。逮及后世暴君乱主，嗜血成性，纵意滥杀，是犹“代大匠斫”，必将自食恶果！

第七十五章

民之饥，以其取食税之多[①]，是以饥。民之难治，以其上之有为，是以难治。民之轻死，以其求生之厚，是以轻死[②]。夫唯无以生为者，是贤于贵生[③]。

【注释】

① 〔以其取食税之多〕食税：指粮食之税。今本误作“取”为“上”，以“食”字为动词，释为统治者吞食的租税太多，因而使民陷于饥荒。此解稍嫌牵强，亦非老子本意，当由帛书勘正。陈柱注：“此老子欲救当时之乱，而特揭出其乱源以告之也。然天下后世之乱，有不由于此者矣。”

② 〔民之轻死，以其求生之厚，是以轻死〕意谓统治者过于贪

得无厌，荒淫奢侈，致使民众不顾危亡，轻入死地。

③〔夫唯无以生为者，是贤于贵生〕夫唯：专指统治者而言。无以生为：意为达到不以享乐为目标。贤于贵生：意为远远胜过享乐过度。吴澄注："贤，犹胜也。贵生，贵重其生，即生之厚。求生之心重，保养太过，将欲不死，而适以易死，至人非不爱生，顺其自然，无所容心，若无以生为者然。外其身而身存，贤于重用其心以贵生而反易死也。"洵为治老有得之言。

【今译】

民众之所以遭受饥饿，是由于为政者征税太重，所以才会如此。民众之所以难于治理，是由于为政者滥施伎俩，多所妄为，致使人民无所适从，所以才难以治理。民众之所以轻视性命，是由于为政者过分地纵乐享受，致使人民难以为生，故轻生冒死，铤而走险。所以，为政者应当恬淡无欲，清静无为，这比起过分的贵生厚养要高明得多。

【解说】

本章旨在探究民之"难治""轻死"的根源。厕身于春秋乱世，干戈扰攘，民不聊生，况为政者"食税之多"与"求生之厚"，欲求天下之安宁，岂复可得？故老子以"无以生为者"为倡，以期君民同归于朴，同化于道。

第七十六章

人之生也柔弱，其死也坚强。万物草木之生也柔脆，其死也枯槁。故坚强者死之徒[①]，柔弱者生之徒。是以兵强则灭，木强则折[②]。坚强[③]处下，柔弱处上。

【注释】

① 〔故坚强者死之徒〕此从王弼本。徒：一般都解作“之类”等，但此处作“属性”解似乎更切合老子本意。

② 〔是以兵强则灭，木强则折〕此句王弼本作“兵强则不胜，木强则兵”，其他诸本又有“木强则共”“木强则兵”“木强则恒”等不同说法。帛书乙本作“木强则兢”。“兢”的原意是“坚强”，《集韵》解“坚强貌”。《诗·无羊》：“矜矜兢

兢。"《传》:"以言坚强也。"揆诸文义，初以为似亦不如王弼本作"兵"（砍伐之义）较为可采。又，近人黄茂材、俞樾等据《列子》、《文子》和《淮南子》等文献，将此句校定为"兵强则灭，木强则折"，深得易顺鼎、刘师培、奚侗、马叙伦、蒋锡昌、高亨、朱谦之等学者认同，不为无由也，故从之。此论从上下文语义和句型等各方面考量，都较其他文本更为合理，故据此校定。

③〔坚强〕王弼本等此处作"强大"，似为无当。因老子在本章与其他章中反复将"坚强"与"柔弱"对举，此处作"强大"显然与老子的行文习惯多有未合，故从傅奕本、景龙碑本。

【今译】

人活着时身体是柔软的，死后就会僵硬。各种动植物生长时是柔软脆弱的，死后就会干枯。故坚实强硬的东西大都具有接近死亡的属性，而柔软羸弱的东西则具有生长的属性。因此，凭着兵器之锐而逞强的，反而易被消灭；树木壮硕强劲，反而会遭到摧折。坚强的往往处于下等地位，柔弱的则处于上升状态。

【解说】

本章借自然现象为喻，旨在阐发"强大"与"柔弱"的利害得失。"坚强者死之徒，柔弱者生之徒"，此与常人以"强大"为尚的“成见”多有未符，然欲破此定见，则不知要花费几多笔墨。而在本章中，老子妙在于论证方式。他不从正面立论，而是采用类似庄子“寓言”的“藉外论之”之法，化繁为简，举重若轻，其弃强取弱、舍刚用柔之通则妙理，已昭昭可见。

第七十七章

天之道，其犹张弓欤[①]？高者抑之，下者举之；有余者损[②]之，不足者补之。天之道，损有余而补不足。人之道[③]则不然，损不足以奉有余。孰能有余以奉天下？唯有道者。是以圣人为而弗有，成功而弗居也，若此其不欲见贤也[④]。

【注释】

①〔欤〕表感叹的助词。

②〔损〕减少、削减。

③〔人之道〕指社会生活的法则。

④〔是以圣人为而弗有，成功而弗居也，若此其不欲见贤也〕此

从帛书甲、乙本。对此三句，王弼本为:“是以圣人为而不恃，功成而不处，其不欲见贤。”陈鼓应认为:“此三句与上文意义不相连属，疑是错简复出。”按，陈氏所论乃《老子》章句安排是否合理的问题，其所据为王弼本。而帛书乙本特为标出“若此”二字:“若此其不欲见贤也。”这里的“若此”，显系针对前文“弗有”“弗居”而作之结语，犹言此乃圣人不愿显露自己贤德之道理。从文义分析，当从帛书为是。河上公注:“圣人为德施，不恃其报也，功成事就不处其位。不欲使人知己之贤，匿功不居荣，畏天损有余也。”卓尔不失为一家之言。

【今译】

自然的法则（“天之道”），不正像拉弓射箭吗？弦高了就把它调低些，低了就升高些，力度有余就把它减小，力度不够就将其补足。天之道是减损有余以弥补不足的。但社会的法则（“人之道”）却大非如此，它是减损不足用来供养有余。谁能奉行天道，把有余的拿来供养不足（民众）呢？只有遵循天道的圣人。圣人作育万物却不自恃其有，功成事遂却不居功，因为他无私无为，从不愿意显现自己的贤德。

【解说】

本章以“张弓”为喻，阐明“损有余而补不足”的“天之道”。接下来，老子又以“人之道”与之对举，以彰圣人“有余以奉天下”之盛德——此正老氏何以要人“法天”“法道”之根由所在。

第七十八章

天下莫柔弱于水，而攻坚强者莫之能胜，以其无以易之也。弱之胜强，柔之胜刚，天下莫不知，莫能行。是以圣人云：受邦之垢，是谓社稷之主；受邦之不祥，是谓天下之王①。正言若反②。

【注释】

① 〔是以圣人云：受邦之垢，是谓社稷之主；受邦之不祥，是谓天下之王〕垢：本指脏物，此处引申为屈辱。按，帛书甲、乙本为“是谓天下之王”，王弼等诸本作“是为天下王”，从经文分析，前文既言：“是谓社稷之主”，此亦当从帛书作“是谓”为是。检诸古籍，《淮南子·道应训》引前后两句皆作“是谓”，与帛书相同。河上公注：“谓下事也。君能受国垢浊

者，若江海不逆小流，则能长保其社稷，为一国君主也。君能引过自与，代民受不祥之殃，则可以王有天下。”

② 〔正言若反〕正言：好像是反面的话。按，老子书中所谓“曲则全”“枉则直”“窪则盈”“敝则新”“柔弱胜刚强”“不益生则久生”“无为则有为”“不争莫与争”“知不言，言不知”“损而益，益而损”，皆言相反而理相成，此即“正言”也。河上公注：“此乃正直之言，世人不知，以为反言。”

【今译】

天下没有比水更柔和软弱的东西了，然而它却能穿透坚强的物体，并且没有力量能胜过它，因为没有任何东西能够代替它。软弱的能承受坚硬的，柔和的能胜过刚强的，这个道理天下无人不知，却没有谁能够践行。所以圣人说：“能够承担邦国的屈辱，才称得上执政的首领；能够承担邦国的灾难，才称得上天下的君王。”这从正面阐发的合道之言，听起来却好像跟世俗之人的认识正相反。

【解说】

本章以软弱柔和的水性为喻，阐明柔弱胜刚强之理，这一点似乎有悖常见，因常见不能及远。即以两军对垒而言，生死只在俄顷，谁能说坚强者必败而柔弱者必胜？然则摧刚者柔，其在《易》有“坤至柔而动也刚”之说，盖柔之力端赖时间浸渐方可显现，此正所谓绳锯木断、水滴石穿也。圣人深明此理，故效法天道，谦冲自抑，处弱居下，宁愿“受邦之诟”“受邦之不祥”，故能深得民众的拥戴。

第七十九章

和大怨，必有余怨，安可以为善？是以圣人执左契[①]，而不以责于人。故有德司契，无德司彻[②]。天道无亲，恒与、善人[③]。

【注释】

① 〔左契〕帛书甲本作“右契”，乙本与王弼本作“左契”。从《道德经》第三十一章“君子居则贵左，用兵则贵右”“吉事上左，凶事上右”诸语看，在老子的语境里，显然是以左为贵的，故当从“左契”之说。按，左契，即契券。古时借债，刻木为契，从中分为左右两半，左契由借债人订立，交与债权人收执，到期时债权人出示左契，向借债人索还债务。

② 〔彻〕周代的税法。

③ 〔天道无亲，恒与、善人〕诸本作“天道无亲，常与善人”，但其中的逻辑矛盾是显而易见的。因“天道”既然“无亲”，又怎么反倒仅“常与善人”，这不是与老子“不弃”的思想互为矛盾吗？本乎此，似应打破以往注家的解释，而将“恒与善人”句断开，将“与”“善”视作动词，意犹“完善、成全”。

【今译】

深重的仇怨，即使表面和解了，必然还会遗留下余怨，怎么能算作完善之策呢？所以圣人执持债权契约的左半边却不向债务人讨债索还。有德行的人从不凭借债权契约而逼迫他人，无德行的人则会催迫清债。天道是无所偏私的，对人永远是给予、完善、成全。

【解说】

恩生于怨，怨生于恩。大怨既和，必相责报；报之不至，则余怨生焉。圣人但施惠而不责报，此之谓德善。德善者，天自佑之，吉无不利，屈子云：“皇天无私阿兮，览民德焉措辅。”亦同此一理，此即所谓人不与而天必与之——斯理洵非常人所易解会也。

第八十章

小邦寡民[①]，使有什伯之器而不用[②]，使民重死而远徙[③]。虽有舟舆，无所乘之[④]；虽有甲兵，无所陈之[⑤]；使人复结绳[⑥]而用之。甘其食，美其服，乐其俗，安其居[⑦]。邻邦相望，鸡犬之声相闻，民至老死不相往来[⑧]。

【注释】

① 〔小邦寡民〕指邦国地小人少。此取帛书甲本。帛书乙本与王弼本皆作“小国寡民”。

② 〔使有什伯之器而不用〕指统治者穷奢极欲，大国诸侯用餐要摆上百只盛佳肴的大器，小国诸侯也要摆上十来只器皿。

对此,《墨子·辞过》中曾有记载:“今则不然,厚作敛于百姓,以为美食刍豢蒸炙鳖,大国累百器,小国累十器,前方丈……君实欲天下治而恶其乱,当为饮食,不可不节。”

③〔使民重死而远徙〕重死:看重生命。远徙:即“远离迁徙”。按,世传本此句皆作“使民重死而不远徙”,此从帛书甲、乙本校正。按,揆诸此章的本义,此处宜解为“使民重死而远徙”,即“远离迁徙”。于“远徙”前着一“不”字,画蛇添足,反而大悖老子原旨,整章的文义也变得扞格难通。又,“远徙”与前面的“不用”,在修辞上也自然形成了一种对偶关系,故据帛书本校定。

④〔虽有舟舆,无所乘之〕舟舆:在此所指并非如旧注中所解释的所谓一般交通工具,而是指君主专用的舟舆。对此,可参看墨子对此的相关记述:“当今之主,其为舟车,与此异矣。全固轻利皆已具,必厚作敛于百姓,以饰舟车。饰车以文采,饰舟以刻镂……人君为舟车若此,故左右象之,是以其民饥寒并至。故为奸邪,奸邪多则刑罚深,刑罚深则国乱。君实欲天下之治,而恶其乱,当为舟车,不可不节。”(《辞过》)即此足见君主当时“饰舟以刻镂”的奢华程度。由此认知出发,便不难解会,老子此句意在以“舟车”为例,奉告统治者必须去奢求俭,否则将会使民“饥寒并至”。

⑤〔虽有甲兵,无所陈之〕此句旨在奉告为政者必须“轻兵役”。

⑥〔结绳〕指渔猎这样的生产劳动。

⑦〔甘其食，美其服，乐其俗，安其居〕高明校注："帛书甲、乙本'甘其食，美其服，乐其俗，安其居'，王弼本'安其居'在'乐其俗'之前。《庄子·胠箧篇》引作'甘其食，美其服，乐其俗，安其居'，语序异于今本而同于帛书，说明'食''服''俗''居'是老子原来的次序，今本已有错乱。"河上公注："甘其蔬食，不渔食百姓也。美其恶衣，不贵五色，乐其质朴之俗，不转移也。安其茅茨，不好文饰之屋。"苏辙亦就此阐发道："子生于衰周，文胜俗弊，将以无为救之，故于书之将终言其所志，愿得小国寡民以试焉而不可得耳。内足则外无所慕，故以其所有为美，以其所处为乐，而不复求也。"言多可采。

⑧〔邻邦相望，鸡犬之声相闻，民至老死不相往来〕范应元注："邻国虽甚近，而使民各安其安，自足其足，至老死而不相往来，则焉有交争之患。如果，则太古之风可以复见！"

【今释】

即使在邦国土地小、人口稀少的落后条件下，如果君主不过分追求奢靡，讲究排场，民众自然不会冒着危险向远方迁移。作为贤明的君主，虽有船车，却不极力饰舟以刻镂，不轻易动用；虽有铠甲兵器，却轻易不去动用；只是使民众用线绳结成捕兽打鱼的网罟，从事正常的渔猎等生产劳动。这样，人人恬淡寡欲，吃的虽是粗食，却觉得异常甘美；穿的虽是破衣，却觉得十分漂亮；住的虽是陋室，却觉得非常安适；风俗虽极简朴，内心却极为欢乐。邻邦之间相距不远，连鸡鸣犬吠之声都能听得见，但民众到老死也不会互相往来。

【解说】

本章所描述的“小邦寡民”，为贬损老子者提供了口实，他们纷纷斥责老子反对先进的生产力，主张倒退到“结绳纪事”的原始社会。此种责难之声，实乃建立在对本章的错注误读的基础之上。诚然，老子在本章中描绘的“理想国”，至淳至朴，几如太古之境，但在老子看来，此皆“无为”之象也。尤当措意的是，老氏之时，周室已衰，故他痛疾当时之弊，皆为用智尚武，好胜逞强，不恤于民，奢靡成风。而邦乱民穷，愈益难治。故尔治推上古，以期道合无为。全章所论，不出乎此。

第八十一章

信言[①]不美，美言不信。知者不博[②]，博者不知。善者不多，多者不善[③]。圣人无积，既以为人矣，己愈有；既以予人矣，己愈多[④]。故天之道，利而不害；圣人之道，为而弗争。

【注释】

① 〔信言〕真实之言。

② 〔知者不博〕知者：指研究专门学问之人。博：全面。河上公注："知者，谓知道之士。不博者，守一元也。博者，多见闻。不知者，失要真也。"范应元注："通于一，则万事毕，太博者未必知一也。"

③〔善者不多，多者不善〕多：意谓所得丰厚。世传本、王弼本皆作“善者不辩，辩者不善”，且在“美言不信”之后，致使经义混乱。“信言”“美言”“善者”之区别究竟何在？令人无从分辨，足见其中必有讹误，而这一讹误，随着帛书甲、乙本的发现得到了解决。从帛书看，此处原为“善者不多，多者不善”。此正与下文“圣人无积，既以为人矣，己愈有；既以予人矣，己愈多”，语义联属，文脉清晰，足征世传本有误。

④〔圣人无积，既以为人矣，己愈有；既以予人矣，己愈多〕此从帛书甲、乙本，与王弼本“圣人不积，既以为人，己愈有；既以与人，己愈多”稍异。按，老子一向强调“重积”“厚积”，在此最后一章中却又主张“无积”，二者看似相互矛盾，其实不然。老子所谓的“重积”“厚积”系指道德而言，而“无积”则是针对财货而发，明乎此，便不难理解“无积”与“重积”二者实则构成了一种手段与目的之间的因果关系。又，类似观点，在《道德经》中曾多次出现，如“圣人后其身而身先，外其身而身存。非以其无私邪？故能成其私”（第七章）、“圣人欲上民，必以言下之；欲先民，必以身后之”（第六十六章），与本文“圣人无积，既以为人矣，己愈有；既以予人矣，己愈多”，在神理上是相通的。

【今译】

基于诚信的真话并不动听，而动听的美言往往并非出自诚信。有真知的体道之人不屑于炫博争誉，炫博争誉的人未必具有真知。有仁德者其所得往往并不丰厚，所得丰厚者往往仁德有亏。圣人无私无欲，什么都无所保留，只是尽力帮助他人、给予他人，而自己反倒更加充足、富有。天道无私，只是有利于万物而不加伤害；圣人依道而行，只是一心奉献施惠，从不与民争利。

【解说】

信言，即真实之言。老氏意谓道本无言，若因言以显，必字字皆彰道妙，迥非夸诞浮华之美言也。况且圣人不计功名，独与道游，又何须求“博”。世人昧于此理，徒事多闻，以博为知，故“不知”也。

又，大道体虚，运而不积。若以积为务，何能遗形得道？况有积则有散，有散则有穷。无积则无散，无散则无穷。由于圣人体虚合道，了无所积，如枢得环中，以应无穷。四时运行而不枯竭，万物蒙养而不伤体，故曰“利而不害”。圣人法天循道，以身作则，故曰“为而不争”。唯其不争，故能虚心游世，超然独立于万物之上，老子学问功夫，其真实受用处，悉备于此，故全书妙尽于是矣。

主要参考文献

（战国）韩非:《韩非子》，中华书局，2010。

（战国）韩非:《解老》《喻老》，韩非撰。诸子集成本，上海书店出版社，1986。

（汉）河上公章句《老子》，上海古籍出版社，2002。

王卡点校:《老子道德经河上公章句》，中华书局，1993。

（汉）严遵:《老子指归》，中华书局，2009。

（汉）许慎:《说文解字》，中华书局，1963。

（汉）司马迁:《史记》，中华书局，1999。

（汉）班固:《汉书》，中华书局，1999。

（东汉）王充:《论衡》，中华书局，1985。

《道藏》，北京文物出版社、上海书店出版社和天津古籍出版社，1988。

（汉）董仲舒:《春秋繁露》，中华书局，2011。

（南朝）顾欢:《道德真经注疏》，载于《道藏》第十三册，北京文物出版社、上海书店出版社和天津古籍出版社，1988。

（晋）皇甫谧:《高士传》，辽宁教育出版社，2000。

（唐）成玄英疏:《道德真经》，上海古籍出版社，1993。

（唐）杜光庭:《道德真经广圣义》，上海古籍出版社，1996。

（唐）傅奕:《老子古本篇》，台湾文艺印书馆，1965。

（明）焦竑:《老子翼》，线装书局，2006。

（唐）孔颖达:《周易正义》，中国致公出版社，2009。

（唐）孔颖达:《十三经注疏》，中华书局影印本。

（唐）李荣:《老子注》，载于严灵峰《无求备斋老子集成》，台北艺文印书馆，1965。

（唐）李约:《道德真经新注》，读秀网：古籍，子部，道家类。

（宋）王安石:《老子注》，载于严灵峰《无求备斋老子集成》，台北艺文印书馆，1965。

（宋）陈景元:《道德真经藏室纂微篇》，上海古籍出版社，1996。

（宋）程颢、（宋）程颐:《二程集》，中华书局，2004。

（宋）朱熹:《朱子文集大全类编》影印本，齐鲁书社，1997。

（元）吴澄:《道德真经注》，华东师范大学出版社，2010。

（宋）彭耜:《道德真经集注》，商务印书馆，122。

（宋）司马光:《道德真经论》，商务印书馆，1923。

（宋）苏辙:《道德真经注》，华东师范大学出版社，2010。

（明）李贽：《老子解》，载于张建业主编《李贽文集》，第7卷，社会科学文献出版社，2000。

（清）毕沅：《老子道德经考异》，中华书局，1985。

（清）郭庆藩：《庄子集释》，中华书局，2004。

（元）李道纯：《道德会元》，载于《道藏》洞神部玉诀类，北京文物出版社、上海书店出版社和天津古籍出版社，1988。

（宋）李嘉谋：《道德真经义解》，台湾文艺印书馆，1965。

（宋）林希逸：《老子鬳斋口义》，华东师范大学出版社，2010。

（唐）陆德明：《老子音义》，载于《经典释文》，上海书店出版社，1989。

（宋）吕惠卿：《道德真经传》，读秀网：古籍，子部，道家类。

无名氏：《道德真经次解》，台湾艺文印书馆，1965。

（明）薛蕙：《老子集解附考异》，中华书局，1985。

（明）释德清：《老子道德经解》，南京金陵刻经处，2001。

（清）孙诒让：《老子札记》，载于《孙诒让遗书》卷四，雪克，陈野校点，齐鲁书社，1989。

（清）王夫之：《老子衍 庄子通 庄子解》，中华书局，2009。

（清）王念孙：《老子杂志》，载于《读书杂志》，凤凰出版社，2000。

（清）王聘珍：《大戴礼记解诂》，中华书局，1983。

（清）汪中：《老子考异》，载于《述学》，戴庆钰、涂小马校点，辽宁教育出版社，2000。

（清）魏源:《老子本义》，商务印书馆，1986

（清）姚鼐:《老子章义》，台湾广文书局，1975。

（清）俞樾:《老子平议》，载于《诸子平议》，上海书店出版社，1988。

（清）易顺鼎:《读老札记》，台湾艺文印书馆，1970。

梁启超:《老子哲学》，大法轮书局，1949。

刘师培:《老子斠补》，艺文印书馆。

梁漱溟:《东西文化及其哲学》，商务印书馆，2009。

胡适:《中国哲学史大纲》，东方出版社，2003。

缪篆:《老子古微》，河北教育出版社，2004。

杜而未:《中国古代宗教研究》，台湾学生书局，1983。

冯友兰:《中国哲学史新编》，人民出版社，1998。

马叙伦:《老子校诂》，古籍出版社，1956。

高亨:《老子正诂》，中国书店，1988。

任继愈:《老子新译》，上海古籍出版社，1986。

张扬明:《老子考证》，黎明文化事业公司，1985。

张元济主编:《四部丛刊》，上海商务印书馆，1927。

牟钟鉴:《老子新说》，金城出版社，2009。

钱穆:《老子辨》，大华书局，1935。

饶宗颐:《老子想尔注校证》，上海古籍出版社，1991。

任法融:《道德经释义》，三秦出版社，1993。

任继愈:《中国哲学发展史》（先秦），人民出版社，1983。

傅佩荣:《儒教天论发微》，台湾学生书局，1985。

高明:《帛书老子校注》，中华书局，2008。

安伦:《理性信仰之道》，学林出版社，2009。

《百子全书》，岳麓书社，1994。

包刚升:《民主崩溃的政治学》，商务印书馆，2014。

卞敏、周群:《魏晋玄学》，南京大学出版社，2007。

陈来:《古代宗教与伦理：儒家思想的根源》，生活·读书·新知三联书店，1996。

陈柱:《老子集训》，上海书店出版社，1996。

程世平:《文明之源：论广泛意义上的宗教》，四川人民出版社，1994。

丁原植:《郭店竹简老子释析与研究》，万卷楼图书股份有限公司，1999。

《古兰经》，马坚译，中国社会出版社，1996。

蒋锡昌:《老子校诂》，上海书店出版社，1988。

李零:《郭店楚简校读记》，北京大学出版社，2002。

李泽厚:《中国古代思想史论》，安徽文艺出版社，1999。

刘刚:《“道”观念的发生：基于宗教、知识的视角》，光明日报出版社，2009。

刘笑敢:《老子古今》，中国社会科学出版社，2006。

楼宇烈:《王弼集校释》，中华书局，1980。

卢国龙:《道教哲学》，华夏出版社，2007。

童书业:《春秋史》，上海古籍出版社，2003。

王德有:《老子指归译注》，商务印书馆，2004。

熊铁基、马良怀、刘韶军:《中国老学史》，福建人民出版社，2005。

许抗生:《帛书老子注释与研究》，浙江人民出版社，1985。

杨伯峻:《列子集释》，中华书局，1979。

杨义:《老子还原》，中华书局，2011。

尹振环:《楚简老子辨析：楚简与帛书〈老子〉的比较研究》，中华书局，2001。

于省吾:《老子新证》，载于《双剑誃诸子新证》，中华书局，1962。

张葆全、郭玉贤:《老子今读》，广西师范大学出版社，2012。

张岱年:《中国哲学大纲》，中国社会科学出版社，1982。

张践:《中国古代政教关系史》（上下卷），中国社会科学出版社，2012。

张松辉:《老子研究》，人民出版社，2006。

奚侗:《老子集解》，上海古籍出版社，2007。

胡海:《王弼玄学的人文智慧》，人民出版社，2007.

刘小枫、陈少明主编:《经典与解释的张力》，上海三联书店，2003.

安伦:《老子指真》，社会科学文献出版社，2016.

徐梵澄:《老子臆解》，崇文书局，2018.

张祥龙:《海德格尔思想与中国天道》，生活·读书·新知三联书店，1996。

张志刚:《宗教哲学研究》，中国人民大学出版社，2009。

朱大星:《敦煌本〈老子〉研究》，中华书局，2007。

朱谦之:《老子校释》，中华书局，2011。

《诸子集成》丛书，上海书店出版社，1996。

熊逸:《道可道——〈老子〉的要义与诘难》，北京联合出版公司，2018

沈善增:《老子走进青年》，上海人民出版社，2007。

徐梵澄:《梵澄先生语录》，学苑出版社，2017。

聂中庆:《郭店楚简〈老子〉研究》，中华书局，2004。

金春峰:《先秦思想史论》，东方出版社，2015。

卓新平:《“全球化”的宗教与当代中国》，社会科学文献出版社，2008。

唐作藩:《上古音手册》，江苏人民出版社，1982。

陈鼓应:《老子注译及评介》，中华书局，1984。

崔仁义:《荆门郭店楚简〈老子〉研究》，科学出版社，1998。

丁四新:《郭店楚墓竹简思想研究》，东方出版社，2000。

《郭店楚简国际学术讨论会论文集》，湖北人民出版社，2000。

熊铁基等:《中国老学史》，福建人民出版社，1997。

陈鼓应、白奚:《老子评传》，南京大学出版社，2001。

朱哲:《先秦道家哲学研究》，上海人民出版社，2000。

罗根泽编著:《古史辨》第四、六册，上海古籍出版社，1982。

[意大利]托马斯·阿奎纳:《神学大全》，香港基督教辅仁出版社，1965。

[印]室利·阿罗频多:《瑜伽论》，徐梵澄译，华东师范大学出版社，2005。

[美]阿尔伯特·爱因斯坦:《爱因斯坦文集》，许良英等编译，商务印书馆，1979。

[美]弗朗西斯·X. 克卢尼:《印度智慧》，叶济源译，浙江大学出版社，2008。

[德]孔汉思、库舍尔编;《全球伦理》，何光沪译，四川人民出版社，1997。